Paul Raabe
Spaziergänge durch Goethes Weimar

Arche

Inhalt

1. Auflage Mai 1990
2. Auflage Oktober 1990
3. Auflage September 1991
4. Auflage November 1993
(Aktualisierte Neuausgabe)
© 1990 by Arche Verlag AG,
Raabe + Vitali, Zürich
Alle Rechte vorbehalten
Umschlag: Max Bartholl, Frankfurt
Karten: Hans Keller
Satz: Uhl + Massopust, Aalen
Lithos: Grafil AG, Zürich
Druck, Bindung: Wilhelm Röck, Weinsberg
Printed in Germany
ISBN 3-7160-2105-9

Vordere Vorsatzseiten:
Gesamtansicht Weimar.
Hintere Vorsatzseiten:
Das Schloß mit Sternbrücke.
Frontispiz: Das Fürstenhaus
mit dem Denkmal Carl Augusts.

Auf Goethes Spuren

Wer den Dichter will verstehen,
muß in Dichters Lande gehen.
Goethe

Goethes Weimar: Das bezeichnet die Stadt in Thüringen, im Herzen des alten Deutschland, in die ein junger, zu Ruhm gelangter Autor als Gast eines noch jungen Fürsten kam, Johann Wolfgang Goethe, der dann bis zu seinem Tode – 56 lange und bedeutende Jahre hindurch – dort wirkte und arbeitete. Goethes Weimar also erinnert an das Schaffen eines Dichters, dessen Gedichte, Dramen und Romane Höhepunkte der deutschen Literatur bedeuten, und an den Wirkungskreis eines Mannes, der in der Verbindung literarischen Tuns und amtlicher Tätigkeit Maßstäbe gesetzt hat.
Goethes Weimar ist der Schauplatz, an dem man sich die Stätten seines Wirkens und seiner Beziehungen zu Zeitgenossen, Freunden, Kollegen vergegenwärtigen kann. Und da man ihm Weimars bleibenden Ruhm verdankt, hat es sich seit fast 200 Jahren eingebürgert, Weimar und Goethe in einem Atemzug zu nennen. Die bleibende Bedeutung Weimars liegt in der zufälligen historischen Begegnung eines Dichters aus dem 18. Jahrhundert mit einer kleinen Residenz begründet. Diese Beziehungen machen den Reiz aus, dem sich niemand entziehen kann, der Weimar besucht. Davon legen Berichte, Briefe und Aufzeichnungen Zeugnis ab.

Für uns heute bedeutet dies auch, daß wir die nachgoethische Zeit in unsere Besichtigung eines klassisch gewordenen Zeitalters einbeziehen. Dabei wird man feststellen, daß das geistige und literarische Leben, das sich zu Goethes Zeiten in Weimar entfaltete, zur Herausforderung für spätere künstlerische Bemühungen wurde. Es konnte nicht ausbleiben, daß diese Versuche, im nachklassischen Weimar Kunst, Musik und Dichtung zu fördern, immer wieder zum Scheitern verurteilt waren. Im Rückblick aber erscheinen sie uns denkwürdig und bedenkenswert.
So verstehen wir unter Goethes Weimar zunächst den klassischen Lebenskreis, zu dem Anna Amalia und Wieland, Carl August und sein Hof, Herder und Schiller, die Vertreter weimarischer Aufklärung wie Bertuch und Bode, Musäus und Böttiger ebenso gehörten wie die vielen Beamten und Kollegen, Freunde und Frauen, Hausgefährten und Zeitgenossen. Ihre Namen kennen wir oft nur, weil sie im Zusammenhang mit Goethe Bedeutung erhielten: Man nenne nur stellvertretend für viele den Minister Voigt und den Bibliothekar Vulpius, den »Urfreund« Knebel und den Kunstfreund Meyer, den Baumeister Coudray und den Kanzler von Müller, nicht zuletzt Friedrich Theodor Kräuter, Friedrich Wilhelm Riemer und Johann Peter Eckermann. Auch die Frauen um Goethe sind zu nennen: Charlotte von Stein und Corona Schrö-

Die Nationalversammlung im Weimarer Theater, 1919.

ter, Charlotte von Kalb und Caroline Jagemann, Johanna Schopenhauer und Ottilie von Goethe und viele andere. Aber auch die Lebens- und Künstlerkreise des nachklassischen Weimar, die Musiker um Franz Liszt, die Dichter des Neu-Weimar-Vereins, die Künstler der Neuen Kunstschule und dann, um die Jahrhundertwende, die Freundeskreise um Harry Graf Kessler und Henry van de Velde und schließlich die Künstler des Weimarer Bauhauses hat man sich in Erinnerung zu rufen, wenn von Goethes Weimar die Rede ist.
Nach der Abdankung der Fürsten 1918 wählte die Deutsche Nationalversammlung Weimar als Versammlungsort, und

an der Stelle, an der Goethe seinen Schauspielern im Theater Regieanweisungen gab und ihnen seine Anschauungen vermittelte, entstand die erste deutsche Republik, die nach Weimar benannt wurde. Endlich kann man auch nicht vergessen, daß in Buchenwald, in unmittelbarer Nachbarschaft des Ortes, an dem Goethe für das klassische Humanitätsideal in Wort und Tat wirkte, eine Stätte unmenschlicher Grausamkeit, totalitärer Unterdrückung menschlicher Würde entstand.
Und ebenso unbegreiflich ist es, daß im Februar 1945 Weimar das Ziel eines verheerenden Bombenangriffs geworden ist. Von diesen Zerstörungen hat

6

sich die Stadt trotz aller Bemühungen, Weimar nach dem Kriege wieder zu einer Kulturhauptstadt zu machen, bis heute nicht erholt. Noch sind einige Wunden nicht vernarbt, und es fehlte an Geld, lange Zeit sicherlich auch am Verständnis, die alte reiche Bausubstanz zu sanieren.

Dennoch ist hervorzuheben, daß im Gegensatz zu vielen anderen Städten im Westen Deutschlands in Weimar mehr Altes erhalten ist, als man ahnt. Man wird heute bei einem Rundgang über den Zustand mancher Gebäude hinwegsehen können in der berechtigten Erwartung, daß nun nach und nach das noch zu Rettende gerettet wird.

Goethes Weimar: Das ist nicht nur die Erinnerung an die klassische Zeit deutscher Literatur, an Goethes Gedichte, an die Entstehung und Aufführung seiner klassischen Dramen, an den *Tasso* und die *Iphigenie*, an den *Egmont* und schließlich den *Faust*, an die großen Romane, den *Wilhelm Meister* und die *Wahlverwandtschaften*, an die Werke Wielands, Herders und Schillers, an die unvergessenen publizistischen Unternehmungen, wie den *Teutschen Merkur*, die *Horen*, die *Propyläen*, *Über Kunst und Altertum*. Das Weimar Goethes ist nicht nur in der nachklassischen Dichtung, ihrer Musik, ihrer Malerei lebendig geblieben, sondern auch in den Zeugnissen der Architektur und der Bildhauerkunst. Es sind die aus klassischem Geist entstandenen Werke fürstlicher Bautätigkeit, wodurch die mittelalterliche

Das Goethehaus am Frauenplan nach dem Bombenangriff im Februar 1945.

Stadt ihr klassisches Gepräge mit öffentlichen und privaten Bauten, mit Parks und Grünzonen, Denkmälern und Brunnen erhielt. In der Nachfolge der erstaunlichen Leistungen des Baumeisters C. W. Coudray entstanden im 19. Jahrhundert die heute größtenteils erhaltenen klassizistischen Bauten. Und da die Architektur in Weimar seit vielen Jahren in einer eigenen Hochschule gefördert wurde, haben auch der Jugendstil, der Werkbund und die Neue Sachlichkeit Spuren in Goethes Weimar hinterlassen. Schließlich haben Henry van de Velde und Walter Gropius, zwei der großen Baumeister der Moderne, einige Zeit in Weimar gelebt und gearbeitet.

Als Goethe nach Weimar kam, war die Stadt, die schon im 13. Jahrhundert Stadtrecht erhalten hatte und nach dem Ende des Schmalkaldischen Krieges 1552 die Residenz der ernestinischen Herzöge wurde, noch von den altertümlichen Häusern, den engen Gassen und einer unterentwickelten Wirtschaftsstruktur geprägt. Klagen über das kleinstädtische Leben und den Klatsch, der sich über Goethes Lebzeiten bis in die Gegenwart erhalten hat, liest man in vielen zeitgenössischen Berichten. Schon Madame de Staël, die sich 1803/04 einige Monate in Weimar aufhielt, schrieb in ihrem berühmten Buch *De l'Allemagne*: »Weimar ... war keine kleine Stadt, sondern vielmehr ein großes Schloß; ein gewählter Kreis unterhielt sich mit Interesse über jede neue Schöpfung der Kunst. Frauen, liebenswürdige Jünger einiger Männer von überragender Bedeutung, beschäftigten sich ohne Unterlaß mit literarischen Werken als mit öffentlichen Ereignissen

von der größten Wichtigkeit. Man rief das Weltall zu sich durch die Lektüre und durch das Studium; man entschlüpfte durch die Weite der Gedanken den engen Grenzen der Verhältnisse. Indem man oft in Gemeinschaft den großen Fragen nachsann, die das allen gleiche Geschick in uns entstehen läßt, vergaß man die kleinen Geschichten der einzelnen.«

Goethe hatte es verstanden, sich die Stadt, die Residenz und die Landschaft, aber auch ihre Menschen anzuverwandeln. Goethes Welt kannte keine Grenzen, und in der Beschränkung war er schließlich Meister.

Ich bin Weltbewohner,
Bin Weimaraner,
Ich habe diesem edlen Kreis
Durch Bildung mich empfohlen,
Und wer es etwa besser weiß,
Der mag's woanders holen.

Goethe selbst hat sich kaum über die Stadt geäußert, in der er mehr als ein halbes Jahrhundert lebte. Nur gegenüber Eckermann sagte er: »Wo finden Sie auf einem so engen Fleck noch so viel Gutes! ... Ich wiederhole daher: bleiben Sie bei uns und nicht bloß diesen Winter, wählen Sie Weimar zu Ihrem Wohnort. Es gehen von dort die Tore und Straßen nach allen Enden der Welt. Im Sommer machen Sie Reisen und sehen nach und nach, was Sie zu sehen wünschen. Ich bin seit 50 Jahren dort, und wo bin ich nicht überall gewesen! Aber ich bin immer gerne nach Weimar zurückgekehrt.«

Im 19. Jahrhundert empfanden viele Menschen die Stadt so, wie sie der

Goethe im Arbeitszimmer, seinem Schreiber John diktierend.
Ölbild von Johann Joseph Schmeller, 1831.

Schriftsteller Adolf Stahr 1851 beschrieb: »Weimar ist eigentlich ein Park,
in welchem eine Stadt liegt.« Für den
aus der großherzoglichen Residenzstadt
Oldenburg kommenden Literaten, der
einige Zeit in Rom gelebt hatte, war
Weimar ein idealer Aufenthaltsort:
»Welch eine behagliche Stadt ist dies
kleine Weimar! So recht gemacht für

einen Sommeraufenthalt, der ruhiges
Arbeiten verbinden soll mit ungehin-
dertem Naturgenuß. Ich wüßte kaum
eine deutsche Stadt, die so viele Vorteile
in sich zu diesem Zwecke vereinte.
Während man sich überall umwittert
fühlt vom Zauberhauche der größten
geistigen Vergangenheit unseres Vater-
landes, während tausend Erinnerungen

Die Vorwerkgasse, um 1930 (Ausschnitt).

aus Deutschlands glänzendster Kulturepoche uns auf Tritt und Schritt begleiten, und der Gedanke an das Bleibende im Vergänglichen, an das Dauernde im Wechselnden uns das Herz beruhigt und den Sinn zur Tätigkeit erhebt, gewährt zugleich eine vortreffliche Bibliothek reiche literarische Hilfsmittel, findet der Freund der Kunst in wohl ausgestatteten Sammlungen Belehrung und Anregung... Es ist ein heiter umfriedetes Dasein inmitten der grünen Hügelzüge, welche das Tal von Weimar einschließen.«

Es hängt wohl immer von den Stimmungen des Einzelnen ab, wie er Weimar erlebte und wie er es heute empfindet. Für Ferdinand Freiligrath beispielsweise, den Lyriker des Vormärz, der übrigens eine Weimarerin heiratete, hatte die »Physiognomie der Stadt... etwas Beschränktes, Borniertes, Kleinstädtisches und gemahnt mich schier an mein gutes kleines Detmold. Nichts desto weniger glaub ich, daß es mir sehr gut hier gefallen wird, wenn ich einmal eingerichtet bin. Man muß hier famos arbeiten können...«

Auch Friedrich Hebbel verglich 1858 Weimar mit seinem Heimatort: »Weißt Du, an welchen Ort unter den tausenden, die ich kenne, Weimar mich am lebhaftesten erinnert? An Wesselburen! Du wirst Dich wundern, aber es ist so! Alles unglaublich eng und klein!« Und schließlich fuhr er fort: »Immer dieselben Schecken und dieselben Reiter; sonntags die rote Schabracke und montags die graue. Die Zunge rein überflüssig; einer weiß, was der andere denkt, bevor er den Mund noch auftut. Nein, lieber Hyänen zähmen, als Lämmer

streicheln! In Weimar muß man entweder Goethe oder – sein Schreiber sein!«. Diese Mischung aus Bewunderung und Verachtung haben die Besucher Weimars immer wieder zum Ausdruck gebracht. Heute aber ist der zeitliche Abstand zwischen Goethe und uns so groß geworden, daß wir auch im Vergleich zu Weltstädten in Weimar einen geistigen Ort erleben können, dessen unbekannte Schönheiten uns immer wieder ebenso faszinieren wie das Wunder, daß uns ein großer Dichter in einer Stadt wie ein unsichtbarer Schatten begleitet. Deshalb spricht man zu Recht von Goethes Weimar: Dem Genius loci, der allerorten gegenwärtig ist, wird sich kein Besucher entziehen können.

Am stärksten bleibt der erste Eindruck haften; und da auch ich ihn nie vergessen habe, jenen Winterabend im Februar 1954, als ich im Schein der trüben Laterne plötzlich Goethes Haus am Frauenplan als überwältigendes Symbol bleibender Präsenz geistiger Vergangenheit vor mir liegen sah, habe ich gern und ohne Zögern den Vorschlag meiner Verlegerin angenommen, mit unbekannten Lesern Spaziergänge durch Goethes Weimar zu unternehmen und mit ihnen die Orte und Plätze, die Häuser und Denkmäler zu betrachten, die man im Laufe der Jahrzehnte selbst kennengelernt hat und in denen sich noch nach zwei Jahrhunderten das literarische, künstlerische und kulturelle Leben widerspiegelt. Ein solcher Ort ist voll von Chiffren: Es bleibt dem Leser und so dem Betrachter überlassen, sie zu entziffern und mit Leben zu füllen. Dieses Buch wurde nicht, wie die meisten Weimar-Bücher, von einem Einheimischen, sondern von einem Gast geschrieben. Das mag zur Folge haben, daß er manche Akzente anders setzt als üblich. Vielleicht läßt sich dies auch als Vorteil auslegen, wenn man bedenkt, daß er ein glücklicher Spaziergänger durch Weimar ist.

Noch ein letztes Wort zuvor: Dieses kleine Buch wurde vor der friedlichen Revolution in der DDR konzipiert und nun für die Neuauflage durchgesehen.

Während es geschrieben wurde, zeichneten sich dort erregende Veränderungen ab. Heute kann jeder sich Goethes Weimar in Freiheit und Offenheit erschließen, und die Verse des Dichters, die manchem Besucher in den Sinn kommen werden, sind eine Mahnung, für die Rettung von Goethes Weimar das Seine zu tun: denn

Was du ererbt von deinen Vätern hast, Erwirb es, um es zu besitzen.

Goethes Gartenhaus. Kupferstich von Ludwig Schütze, 1827 (Ausschnitt).

Warum stehen sie davor?
Ist nicht Thüre da und Thor?
Kämen sie getrost herein
Würden wohl empfangen seyn.
Goethe 1828

**Goethes Haus in Weimar. Kupferstich von Ludwig Schütze
nach einer Zeichnung von Otto Wagner, 1828.**

Spaziergänge sind es, auf denen wir uns mit Goethes Weimar vertraut machen wollen. Solche Ratschläge wurden oft denen gegeben, die die Stadt an der Ilm besuchen wollten. Als Rainer Maria Rilke 1911 beabsichtigte, Goethes Weimar, das er im Jahr zuvor flüchtig gesehen hatte, an der Seite der Fürstin Marie von Thurn und Taxis näher kennenzulernen, gab ihm Katharina Kippenberg, die Frau seines Leipziger Verlegers, den Rat:
»Also: gleich ins Goethehaus und seine Zimmer sehen, durch die Sammlungen nur durchgehen, den Führer möglichst abschütteln, einen Blick vom Silhouettenzimmer in den Garten werfen. Dann ins Wittumspalais, es sehr liebevoll ansehen, sich den Saal bei Kerzenlicht, rauschenden Seiden etc. denken. Dann über den Schloßplatz an der herrlichen Bibliothek, Charlotte Steins Haus vorbei und wieder zurück, – zum ›Archiv‹. Essen? Wir gehen ja immer in den Elefanten, wo es sympathisch gekochte, etwas altmodische Hausmannskost gibt, Russie ist berlinischer, mit Kessler und van de Velde aßen wir dort einmal harte Beefsteaks. Nach Tisch zu Fuß in den Park zum Gartenhaus, aber an etwas Wunderbarem mit grünem Rasen vorbei, ich glaube, es nennt sich Reitschule.

Goethe. Ölbild von Ferdinand Jagemann, 1818.

Am Gartenhaus ins Auto und nach Tiefurt, entweder hin durchs Webicht oder dadurch zurück. In Tiefurt Tee trinken, Schloß besehen, das Kötschau reformiert hat, und durch den Park gehen. ›Dich hat Amor gewiß, o Sängerin, fütternd erzogen‹ und andere Steine finden Sie auf dem Weg am Wasser. Mehr können Sie, glaube ich, nicht leisten, ev. kann das Auto noch rasch nach Belvedere fahren, dessen Park einzig, dessen Schloß innen nebensächlich ist.« 75 Jahre vorher hatte schon ein anderer Schriftsteller, Karl Immermann, der 1838 als Gast des Kanzlers Friedrich von Müller Goethes Stadt kennengelernt hatte, einer Freundin folgenden *Wegweiser für Weimar* geschrieben: »In Weimar sehen Sie

1) den Park mit seinen verschiedenen Partien, dem Genio loci, dem römischen Hause, dem Tempelhause, der Aussicht auf Goethes Haus am Stern, und auch dieses ist mit ein paar hundert Schritten zu erreichen.

2) Goethes Haus, welches der Bibliothekssekretär Kräuter zeigt. Diesen bitte ich, ... von mir zu grüßen und von meiner Ankunft ihm zu sagen, der Mann ist sehr gefällig, mir freundlich zugetan, vielleicht, daß mein Gruß seine Gefälligkeit noch steigert.

3) das Museum, worin die Carstensschen Zeichnungen hangen, wozu Sie sich aber Zeit nehmen müssen. Hofrat von Schorn ist ihm vorgesetzt...

4) an die Fresko-Gemälde in den Dichterzimmern des Schlosses. Von Schorn erteilt dazu ebenfalls den Zugang.

5) die Bibliothek, wegen des anmutigen Lokals und der historischen Reminiszenzen.

6) können Sie die Fürstengruft sehen, so tun Sie es ja... Besuchen Sie auch Tiefurt, es ist eine halbe Stunde von Weimar. Mit seinen grünen Gängen an der Ilm und dem Häuschen der Herzogin Amalia.«

Thomas Wolfe, der bekannte amerikanische Romanschriftsteller, besuchte im Sommer 1935 die Stadt Goethes und schreibt darüber: »Wir übernachteten im alten Weimar, und heute bummelten wir durch die Stadt und besichtigten zuerst Goethes Gartenhaus in dem herrlichen, grünen Park, die Zimmer, in denen er gelebt und gearbeitet hat, den Sitz, auf dem er beim Schreiben gesessen hat, sein hohes, altes Schreibpult und viele andere Dinge, die er benutzt und mit denen er gelebt hat, und sein Leben und Schaffen wurden zu etwas ganz Nahem und Wirklichem. Dann gingen wir zu dem schönen alten Stadthaus, in dem er später gewohnt hat und wo alle Zeugnisse seines grenzenlos neugierigen, großen Geistes getreulich erhalten sind: seine Laboratorien und Werkstätten, die große Bibliothek, die Räume, in denen er seine physikalischen, chemischen, elektrischen und optischen Experimente angestellt hat. Dann gingen wir weiter durch die Stadt und besuchten die Gruft, in der Goethe und Schiller Seite an Seite beigesetzt sind, und schließlich nahmen wir schweren Herzens Abschied von dieser wunderschönen alten Stadt, in der – wenigstens für mich –, so viel vom Geist Deutschlands zu spüren ist, von dem großen, edlen Geist des Idealismus und der Freiheit und Ehrfurcht, den wir alle geliebt haben«.

Auch wir könnten uns auf die Hauptsehenswürdigkeiten beschränken, auf Goethehaus und Schillerhaus, Schloß und Park, Stadtkirche und Fürstengruft. Auch wäre der Vorschlag, mit dem Auto durch den Webicht nach Tiefurt zu fahren, in unserem hektischen Zeitalter sicherlich einleuchtend. Aber wir denken, man sollte sich heute etwas mehr Zeit nehmen, als einem haushaltenden Autor wie Rilke wohl zu Gebote stand oder die Zeitgenossen des 19. Jahrhunderts veranschlagten, denen die Museen und klassischen Häuser noch nicht so offen standen wie uns heute.

Wir schlagen fünf Spaziergänge vor, die jeweils zwei bis drei Stunden dauern. Am ersten Nachmittag lernen wir die klassischen Stätten kennen. Der zweite Spaziergang am nächsten Morgen macht mit der Stadt, ihren Plätzen, Häusern und Kirchen bekannt. Auf dem dritten, wiederum an einem Nachmittag stattfindenden Rundgang, besuchen wir das Schloß und nach einem Abstecher in die Stadt den Park an der Ilm. Der folgende Vormittag, d. h. der vierte Spaziergang, führt durch das alte und neue Weimar. Auf dem fünften, einem Nachmittagsspaziergang, erkunden wir das Dichterviertel und gehen dann durch den Webicht nach Tiefurt. Die Nachmittage des zweiten und des dritten Tages sind so Spaziergängen

vorbehalten, die einmal in Goethes Park am Stern und anderntags zu Fuß nach Tiefurt führen. So kann man im Sommer die Tage erholsam in der thüringischen Landschaft auf Goethes Spuren ausklingen lassen. Kommt man am Abend in Weimar an und möchte den ersten Spaziergang auf den Vormittag legen, so bietet es sich danach an, einen Nachmittagsausflug in die nähere oder weitere Umgebung schon einzuschieben, eine Fahrt nach Belvedere, Ettersburg oder Großkochberg, nach Oßmannstedt oder zu den Dornburger Schlössern. Diese Ausflüge, die im Anhang unseres Buches genannt sind, wird sich kein Goethefreund entgehen lassen wollen.

Für Weimar sollte man sich Zeit nehmen, etwa auch, um die Literaturmuseen für Goethe und Schiller oder die Galerien und Kunstsammlungen ausführlich betrachten zu können. Dafür reicht die Zeit der Morgen- und Nachmittagsspaziergänge kaum aus.

Die Texte wurden sehr knapp gefaßt, um auch die Abbildungen sprechen zu lassen, die oft Stationen und Häuser in älteren Fotografien zeigen. Dies soll dem Betrachter helfen, sich Goethes Weimar konkreter vorstellen zu können, als es der augenblickliche Zustand der Stadt ermöglicht.

Das Goethe-Schiller-Denkmal von Ernst Rietschel, 1857.

Erster Spaziergang
Die klassischen Stätten

Unsere Spaziergänge durch Goethes Weimar beginnen und enden an dem Denkmal Carl Augusts, das den Platz der Demokratie, den früheren Fürstenplatz, in seiner Würde und Schönheit bestimmt.

❶ Carl August, Herzog zu Sachsen-Weimar-Eisenach, Reiterstandbild von Adolf Donndorf

Das auf einem hohen Podest aufgestellte Denkmal, das den Weimarer Fürsten in Generaluniform und mit Lorbeerkranz darstellt, wurde von dem aus Weimar gebürtigen Bildhauer Adolf Donndorf geschaffen und am 3. September 1875 enthüllt. Es erinnert an die Heimkehr des Herzogs aus den Freiheitskriegen im Oktober 1814. Carl August (1757–1828) hatte am 3. September 1775 mit seiner Volljährigkeit die Nachfolge seiner Mutter, der regierenden Herzogin Anna Amalia, angetreten. Acht Wochen später, am 7. November 1775, traf der Frankfurter Patriziersohn Johann Wolfgang Goethe ein. Der Herzog als Freund und Förderer des Dichters, zugleich als Regent des kleinen ernestinischen Herzogtums Sachsen-Weimar-Eisenach, leitete die Geschicke seines Landes über ein halbes Jahrhundert. Durch Goethe angeregt, entfaltete er außergewöhnliche kulturelle Aktivitäten, und seinem Kunstverständnis verdankt Weimar letzten Endes seine Bedeutung.

Carl August. Reiterstandbild, 1875.

❷ Das Fürstenhaus, die heutige Musikhochschule Franz Liszt Platz der Demokratie

Das den Platz beherrschende klassizistische Gebäude wurde unter Herzogin Anna Amalia als Landschaftsgebäude, d. h. als Sitz für die Landstände nach den Plänen des weimarischen Landbaumeisters Johann Gottfried Schlegel zwischen 1770 und 1774 errichtet. Nach Fertigstellung wurde es allerdings als fürstliches Schloß genutzt, da die Wilhelmsburg an der Ilm 1774 einem verheerenden Brand fast vollständig zum Opfer gefallen war. So lebten Carl August und seine Gemahlin, die Darmstädter Prinzessin Louise, die er 1775 mit seinem Regierungsantritt heimgeführt hatte, in diesem Gebäude: die Herzogin in der ersten und der Herzog in der zweiten Etage. Hier wurde über 30 Jahre lang Hof gehalten, Goethe ging

Die Seifengasse. Zeichnung von Otto Rasch.

als Geheimer Rat und Mitglied des Geheimen Consiliums, als Minister und auch als Vertrauter Carl Augusts ein und aus.

Nachdem 1803 das Schloß neu aufgebaut worden war, diente das sogenannte Fürstenhaus vorübergehend von 1808 bis 1816 der Freien Zeichenschule als Domizil. Damals lebte in dem Haus auch der Direktor der Schule, Goethes aus der Schweiz stammender Kunstfreund Johann Heinrich Meyer (1759–1832). Für einige Zeit war das Großherzogliche Museum in einem und das 1830 gegründete Lesemuseum im andern Flügel untergebracht. Später war das Fürstenhaus Sitz des thüringischen Landtags und diente staatlichen Einrichtungen als Verwaltungsgebäude. Das Gebäude wurde 1889 durch einen Säulenvorbau verändert. Seit 1951 hat die Musikhochschule, die den Namen Franz Liszts trägt, hier ihren Hauptsitz. *Der Platz vor dem Fürstenhaus war im Herbst und Winter 1989/90 Schauplatz friedlicher Demonstrationen – der Ort trägt zu Recht den Namen eines Platzes der Demokratie.*

Wir gehen an der Schmalseite des Fürstenhauses entlang, lassen die Bibliothek links liegen und gelangen, an der Rückfront des Hauses der Frau von Stein vorbei, zu einer schmalen Gasse, der Seifengasse.

❸ Goethes Wohnung in der Seifengasse 16

In dem derzeit leerstehenden, weitgehend verfallenen Haus aus dem späten 17. Jahrhundert wohnte Goethe vom 2. August 1779 bis zum 2. Juni 1781, da ihm die Wohnung im Gartenhaus am Stern zeitweise zu unbequem zu erreichen war. In den geräumigen Zimmern des Hauses, in unmittelbarer Nachbarschaft der Frau von Stein, fühlte sich Goethe zu Hause.

❹ Der Helldorfsche Garten an der Seifengasse

Zwischen der Seifengasse und der heutigen Puschkinstraße (früher Parkstraße) befand sich zu Goethes Zeiten der Helldorfsche Garten hinter dem Haus Frauentorstraße 15: eine der vielen gepflegten Gartenanlagen mit Pavillon und Beeten.

Durch die schmale Gasse, vorbei an hübschen alten Häusern, führt der Weg zum Frauenplan, dem Platz, der von der Fassade des Goethehauses beherrscht wird. Das dreiteilige Gebäude mit der achtfenstrigen Hauptfront und dem einladenden, heute leider verschlossenen Portal war seit dem frühen 19. Jahrhundert geistiger Mittelpunkt der Stadt und ist heute Hauptsehenswürdigkeit Weimars und Wallfahrtsort der Goethefreunde aus aller Welt. Unser erster Spaziergang gilt deshalb zuerst einem Besuch dieses Hauses.

❺ Goethes Haus am Frauenplan

Das berühmteste Gebäude in Weimar ist nicht das Schloß oder die Kirche, sondern das Goethehaus: kein Prachtbau, sondern ein bürgerliches Wohn- und Arbeitsquartier. Das zweigeschossige Haus mit Mansarde und Walmdach, den beiden sich dem Bogen des

Das Goethehaus am Frauenplan in den dreißiger Jahren.

**Die Treppe im Goethehaus
mit der Ildefonso-Gruppe.**

Platzes anpassenden Seitenflügeln mit
den großen Tordurchfahrten gehörte
dem Konsistorialrat Paul Johann Friedrich Helmershausen, der darin schon
von 1782 bis 1786 eine bescheidene
Wohnung an Goethe vermietet hatte. Im
Sommer 1792 verkaufte er dem Herzog
das Haus, und dieser schenkte es Goethe, durch den die Residenz berühmt
geworden war. 40 Jahre hat der Dichter
in dem geräumigen Haus gewohnt, gute
und glückliche Jahre, aber auch harte
und bittere Zeiten erlebt. Als er einzog,
war sein Sohn August drei Jahre alt.
Christiane Vulpius führte das große
Haus – von den Damen der Gesellschaft geschnitten – und stand Goethe
treu zur Seite. Als dieser in den Okto-
bertagen 1806 nach der Schlacht in der
Nähe, bei Jena und Auerstedt, durch

eindringende Soldaten bedroht wurde,
schützte sie ihn, und so erwarb sich die
tapfere Gefährtin als Frau von Goethe
Respekt. Sie starb am 6. Juni 1816 unter
schrecklichen Qualen in diesem Hause.
Die Nachricht vom Tode des einzigen
Sohnes August, der in Rom einem Fie-
ber erlag, überbrachte der Kanzler von
Müller im Oktober 1830. Die Familie
rückte enger zusammen: die geliebte
Schwiegertochter, die unruhige Ottilie
und ihre Kinder, Goethes verheißungs-
volle Enkel Walther, Wolfgang und
Alma.
Doch das private Leben im Haus am
Frauenplan war nur der Hintergrund
für die täglichen Geschäfte, die in
dienstliche Pflichten und persönliche
Beschäftigungen geteilt waren. Goethe
war ein korrekter, gewissenhafter Beamter im Dienste seines Fürsten, der
über Jahrzehnte hin treu seine amtlichen Aufgaben erfüllte. Sein Tagesab-

Christianes Zimmer im Goethehaus.

Goethes Arbeitszimmer.

lauf begann früh um sechs: Er pflegte stundenlang, unterbrochen durch ein Frühstück, seinem Sekretär zu diktieren. Er empfing später am Tag seine Besucher; manche wurden zu Tisch gebeten. Es wurde geplaudert und beraten; die Nachmittage waren ebenfalls der Arbeit gewidmet, mitunter auch den persönlichen Angelegenheiten. Die Abende verbrachte Goethe oft mit der Lektüre alter und neuer Bücher.

In diesem regelmäßigen Tagesablauf entstanden über Jahre neben den dienstlichen Geschäften in dem Haus am Frauenplan die Werke, die wir mit Goethes Namen verbinden: *Wilhelm Meister, Die Wahlverwandtschaften, Dichtung und Wahrheit* und der *Faust*. Die lyrischen, epischen und dramatischen Arbeiten, die autobiographischen Studien und die naturwissenschaftlichen Untersuchungen aus diesen 40 Jahren, die schließlich in die Ausgabe seiner Werke letzter Hand seit 1827 aufgenommen wurden, waren der größere Teil eines Nachlasses, den Goethe im Hause bewahrte und den seine unentbehrlichen Hausgenossen ordneten und verwalteten. In den neunziger Jahren wohnte Johann Heinrich Meyer, der Kunstfreund, unterm Dach, später waren Riemer, Kräuter, Eckermann und Schuchardt seine Mitarbeiter.

Das Haus ist geräumig. Der Besucher lernt die Privaträume, die Gesellschafts- und Eßzimmer kennen. Sie alle sind angefüllt mit Dingen, die Goethe im Laufe seines langen Lebens gesam-

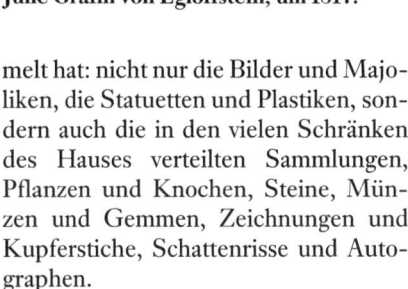

Ottilie von Goethe. Zeichnung von
Julie Gräfin von Egloffstein, um 1817.

August von Goethe. Zeichnung von
Julie Gräfin von Egloffstein, um 1817.

melt hat: nicht nur die Bilder und Majo-
liken, die Statuetten und Plastiken, sondern auch die in den vielen Schränken
des Hauses verteilten Sammlungen,
Pflanzen und Knochen, Steine, Mün-
zen und Gemmen, Zeichnungen und
Kupferstiche, Schattenrisse und Auto-
graphen.
Getrennt von diesem privaten Museum,
das wohldurchdacht dem Hausherrn
ständig für seine Studien zur Verfügung
stand, liegt zum Garten hin, das schlichte, fast karge Arbeitszimmer. Daneben
befindet sich die große, private Bibliothek, und unmittelbar neben der Arbeitsstätte war die Schlafstube. Die
Räume sind pietätvoll von den Enkeln
bewahrt worden, so auch der Sessel, in
dem Goethe am 22. März 1832 starb.

Rekonstruiert wurden die Räume der
Hausfrau, die Goethe den geregelten
Tageslauf ermöglichte: das Wohnzimmer, das Nähzimmer, die Küche. 25
Jahre lebte hier Christiane, in der Arbeit
unterstützt von einer Gesellschafterin,
der Köchin und den Dienstmägden.
Im Hause wuchs das einzige Kind auf;
die Reihe der Fehl- und Totgeburten
belastete das häusliche Glück. August
studierte 1808 bis 1810 in Heidelberg,
trat als Kammerrat in die Dienste des
Herzogs und zugleich des Vaters. Er
heiratete 1817 Ottilie von Pogwisch, die
nach Christianes Tod das Haus führte.
Die Enkel waren das Glück des alten
Goethe: Walther, der musikalisch Be-
gabte, und Wolfgang, der literarisch Interessierte und Alma, die mit 17 Jahren

starb; ihre beiden Brüder blieben im Hause, bewahrten das Erbe, trugen Jahrzehnte das Tantalidenlos, Enkel Goethes zu sein. Ihre Mutter kehrte nach ruhelosen Wanderjahren im Alter nach Weimar zurück, wohnte in den Mansardenzimmern, in denen sich auch die Söhne eingemietet hatten. Hier starb Ottilie von Goethe 1872, der letzte Enkel Walther 1885.

Das Haus wurde testamentarisch dem Staat Sachsen-Weimar-Eisenach vermacht und wurde zum Museum, zur »Memorialstätte«. Schon Goethe selbst schrieb unter einen Kupferstich seines Hauses:

Warum stehen sie davor?
Ist nicht Türe da und Tor?
Kämen sie getrost herein,
Würden wohl empfangen sein.

Goethes Enkelin Alma.
Pastellbild von Louise Seidler, 1832.

In der Tat wird jeder Besucher, der über die Schwelle tritt, noch heute mit dem SALVE willkommen geheißen. Doch bei dem täglichen Andrang mag es uns ergehen wie schon Thomas Mann, dem Gast im Goethejahr 1932: »Wir standen wieder einmal in den Zimmerchen, die Goethe sich in seinem Hause am Frauenplan zu seinen Arbeiten eingerichtet hatte, voll tiefer Rührung, obgleich der Zudrang von Fremden, die beständig diese beiden Räume belagerten, ein wenig störte. Es ist ja eigentümlich, mit welchem asketischen Sinne dieser große Mann sich das Privateste seiner Wohnung eingerichtet hat. Er hat gelegentlich in seinem Werke geäußert, daß er gegen prunkvolle Zimmer, reich ausgestattete Räume immer eine Antipathie gehabt habe, weil ein solches Wohnen zu sehr den Geist beunruhige und den Produktionstrieb einlulle. Man kann das im Allgemeinen nicht zugeben. Tatsache ist, daß Fürsten, Minister, große Geschäftsleute auch in reichen und eleganten Räumen gearbeitet haben. Es war von Goethe ein persönlicher asketischer Zug, das Geistige und Innerste seines Wesens durch Keuschheit der äußeren Umgebung zu salvieren gegen das Weltliche, zu dem er dann doch außerdem mit einem Teil seines Wesens verpflichtet war.«

❻ **Goethes Hausgarten**
Hinter dem Haus am Frauenplan liegt, durch eine Mauer zur Ackerwand und durch den Neubau des Goethe-Nationalmuseums zur Seite hin begrenzt, Goethes Hausgarten, den der Dichter durch den hinteren Ausgang betreten

konnte. Er lag vor seinem Arbeitszimmer und bot ihm Erholung und zugleich Belehrung in seinen naturwissenschaftlichen Studien. Die Idee der Urpflanze und die Metamorphose der Pflanzen beschäftigten ihn, den Naturforscher, zeitlebens als Symbolformen für das »Stirb und werde«, das Wachsen und Vergehen. Sein Garten bot ihm nicht nur Gelegenheit zur Betrachtung, er legte selbst Beete an und züchtete Pflanzen.

Im Garten kann man den Pavillon besichtigen, in dem Goethe seine mineralogischen Sammlungen untergebracht hat, die ihm sein Leben lang die Anschauung der Natur vermittelten. Es sind 18 000 Einzelstücke, die er von Reisen mitgebracht oder von Freunden und Verehrern erhalten hatte.

❼ Das Goethe-Nationalmuseum am Frauenplan

Das Haus am Frauenplan vermittelt dem Besucher einen bleibenden Eindruck von dem äußeren Lebensstil, der Wohnkultur, der Alltags- und Arbeitswelt Goethes. Will man sich aber die Lebensstationen vergegenwärtigen, von der Jugend bis ins Alter, seine Begegnungen und Reisen, den Kreis der Freunde, Frauen und Gefährten, seine dichterischen Werke und naturwissenschaftlichen Studien, vor allem auch die Experimente zur Farbenlehre, schließlich seine amtlichen Tätigkeiten für den Bergbau, das Theater, die kulturellen Institutionen, kurz die Vielfalt dieses Lebens und Wirkens – so bietet dazu das 1913 eingeweihte Goethe-Nationalmuseum, räumlich und organisato-

risch mit dem Haus am Frauenplan verbunden, Gelegenheit. Der Besucher sollte während seines Spaziergangs einen Blick in das Museum werfen und – wenn es die Zeit erlaubt –, bei späterer Gelegenheit ausführlich die ausgestellten Objekte betrachten; denn hier wird die Quintessenz des Lebenswerkes Goethes gezogen, und auf seinen Spuren fallen dem Besucher die Verse ein:

Weite Welt und breites Leben,
Langer Jahre redlich Streben,
Stets geforscht und stets gegründet,
Nie geschlossen, oft geründet,
Ältestes bewahrt mit Treue,
Freundlich aufgefaßtes Neue,
Heitern Sinn und reine Zwecke:
Nun! Man kommt wohl eine Strecke.

❽ Der Goethebrunnen

Der im Volksmund nach Goethe benannte Brunnen ist eine der alten Wasserstellen der Stadt: Er versorgte die Einwohner des Frauentorviertels. Der neue gußeiserne Brunnen wurde von dem Oberbaudirektor Coudray 1821 aufgestellt und trägt die Initialen C. A. und die Jahreszahl 1822, erinnert also an Carl August. Das Leben am Brunnen hat der alte Goethe in einem Brief vom 18. September 1831 geschildert: »Auf dem freien Platze meinem Hause gegenüber steht ein großes anständiges Wasserbecken, welches von einer stark fließenden Röhre hinreichend genährt wird. Dahin kommen, besonders morgens und abends, Frauen, Töchter, Mägde, Gesellen, Kinder, das notwendige Ingredienz ihres Daseins abzuholen. Hier ist das Geschäft einfach und doch mannigfaltig: aus dem Becken wird geschöpft, in Butten gegossen, zum Reinlichkeitsgebrauche auf dem Rükken fortgetragen. Zum Trinken werden Krüge unter die Röhre gestellt, zu Koch- und feinerem Bedürfnis Eimer untergeschoben. Dabei ist nun die Haltung der Handelnden und Abwartenden nie dieselbe; die Mannigfaltigkeit der Gebärden ist unendlich, die Stellung derjenigen sowohl, die im Besitz des Empfangens ist, als der andern, die auf den Augenblick paßt, bis die Reihe an sie kommen soll, zeigt keine Spur von Ungeduld, alles geht im Takt, und doch ist ein feiner Unterschied zwischen einer und der andern zu bemerken...«

**❾ Die Vulpius-Häuser
Frauenplan 3-4**
Auch Goethe machte die Erfahrung, daß man nicht in Frieden leben kann, wenn es dem Nachbarn nicht gefällt. Das Haus Nr. 3 bewohnte der Leineweber Johann Heinrich Herter: Der Krach der Webstühle störte Goethes Kreise manches Jahr so sehr, daß er schon im Frühjahr nach Jena ausrückte und sich dort im »Bären« oder in der »Tanne«, im Schloß oder schließlich im Inspektorhaus des Botanischen Gartens einquartierte, um in Ruhe arbeiten zu können. Als er erfuhr, daß der Nachbar die Lizenz einer Kegelbahn anstrebte, hat er dies allerdings erfolgreich verhindern können.
Goethes Erben erwarben schließlich die Häuser, die dem Wielandplatz zu gelegen sind und die heute von Mitarbeitern der Stiftung Weimarer Klassik zu Bürozwecken genutzt werden.

Das Haus Nr. 4 bewohnte seit 1832 die Witwe von Goethes Schwager Christian August Vulpius mit ihren Kindern, von denen der älteste, Rinaldo, in den letzten Jahren Goethes Buchführung erledigte. Auch die Nachkommen der Söhne lebten hier, und so erhielten die beiden Häuser ihre Bezeichnung.

❿ Der Zwiebelmarkt
Goethe freute sich jedes Jahr über den Zwiebelmarkt, der im Herbst auch vor seinem Haus am Frauenplan stattfand. Karl Kuhn erzählt *Aus dem alten Weimar* über diesen Zwiebelmarkt: »Er nahm die ganze Frauentorstraße bis zum Markt ein und erstreckte sich bei starker Zufuhr bis in den unteren Teil der Esplanade, jetzt Schillerstraße. In fast allen Häusern des Marktgebiets fanden sich des Nachmittags Gäste ein, die bei Kaffee und selbstgebackenem Kuchen von den offenen Fenstern aus an dem originellen Straßenleben sich erfreuten. Der Markt war eben eine Art Kirmesfeier der Frauentorvorstadt.«

**⓫ Das Gasthaus
»Zum weißen Schwan«
Frauentorstraße 23**
Goethe führte zeitlebens ein gastliches Haus: Er pflegte sehr oft Gäste mit kleinen verzierten Billetts mittags zu einem frugalen Mahl oder abends zum Tee einzuladen. Auswärtige Freunde brachte er dann gern im »Schwanen« unter, dem alten Gasthaus, unmittelbar neben seinem Domizil, nur durch die schmale Seifengasse davon getrennt. Dort logierten der Dichter Zacharias

Werner, der Bildhauer Christian Daniel Rauch, der Goetheverehrer Johann Peter Eckermann, mehrfach auch der engste Freund, Karl Friedrich Zelter, der Berliner Musiker, Direktor der Singakademie, der früher einmal Maurermeister gewesen war. Der Briefwechsel zwischen den beiden Freunden gehört zu den schönsten Dokumenten aus Goethes Leben. Am 17. Juni 1826 berichtete er ihm: »Das Stübchen im Schwane bleibt dir vorbehalten, und wir können jeden Augenblick zusammen froh und nützlich zubringen.« Und ein andermal schrieb er den zum geflügelten Wort im wahrsten Sinne gewordenen Satz: »Der weiße Schwan begrüßt dich jederzeit mit offenen Flügeln.« Auch später hat das Gasthaus viele prominente Gäste beherbergt: Franz Liszt, Peter Cornelius, Arnold Böcklin, Franz von Lenbach und andere. Heute ist das Gasthaus »Zum weißen Schwan« vollständig restauriert worden und lädt zum Verweilen ein.

Schillers erste Wohnung, in der Frauentorstraße.

⓬ Die Wohnung von Friedrich Schiller Frauentorstraße 21

Im Haus des Kaufmanns Keil neben dem »Schwanen« bezog 1787, von Dresden kommend, der 28jährige Dichter der *Räuber*, Friedrich Schiller, eine Wohnung. Er hatte gerade den *Don Carlos* veröffentlicht und gedachte, in absehbarer Zeit einen Hausstand zu gründen. Vermutlich wollte er Goethe persönlich kennenlernen. Doch dieser war in Italien. Daß es dann nach dessen Rückkehr nicht zu einer näheren Beziehung kam, hat Goethe später sehr bedauert. Die Tatsache, daß der spätere Freund sein früherer Nachbar war, beschäftigte ihn oft.

Schiller hat übrigens in diesem Hause nicht nur einige seiner großen Gedichte (*Die Götter Griechenlands, Die Künstler*) geschrieben, sondern auch seinen *Geisterseher* und die *Geschichte des Abfalls der Niederlande* vollendet. Im Frühjahr 1789 wurde er als Professor nach Jena berufen. Daraufhin zog er in die benachbarte Universitätsstadt und kehrte erst zehn Jahre später – einem Wunsch Goethes folgend – nach Weimar zurück.

Vom Frauenplan aus führt unser Weg zur Brauhausgasse, der früheren Deinhardtgasse. Hinter den verfallenen Fassaden spielte sich in dem großen Gebäude rechts und dem Häuschen links zu Goethes Zeiten Weimars Kulturgeschichte ab.

⑬ Das Bernstorffsche Haus
Brauhausgasse 10

Das große, heute unscheinbar wirkende Gebäude bewohnte zu Goethes Zeiten eine 1779 aus Kopenhagen zugereiste Gräfin, Caritas Emilie von Bernstorff. Sie war die Witwe des dänischen Ministers Johann Hartwig Ernst Graf von Bernstorff und gehörte zum Kreis des schleswig-holsteinischen Adels der Stolbergs und Schimmelmanns. In Weimar war sie eine geachtete Persönlichkeit und führte als reiche Frau ein großes Haus.

Ihr stand als Verwalter, als »Geschäftsführer« ein Mann zur Seite, der sich als Schriftsteller, Übersetzer und Drucker große Verdienste um die Literatur der Aufklärung erworben hat: Johann Joachim Christoph Bode (1730–1793). Er hatte sich vom Schafhirten und Musikus zum erfolgreichen Redakteur des *Hamburgischen Correspondenten* hochgearbeitet; er gründete eine »Buchhandlung der Gelehrten« in Hamburg, arbeitete mit Lessing und Klopstock zusammen und wurde der anerkannte Übersetzer von Lawrence Sterne. »Der dicke Bode« war ein engagierter Freimaurer, der in dieser Funktion kurz vor der Französischen Revolution Paris besuchte, was später zu vielen Spekulationen Anlaß gab. In Weimar war der liebenswürdige, immer tätige Aufklärer ein Freund Wielands und Bertuchs. Nur zu Goethe gab es kaum mehr als nachbarliche Beziehungen. Seinen Grabstein werden wir auf dem Jakobsfriedhof finden.

⑭ Das Haus von
Johann Peter Eckermann
Brauhausgasse 13

Im Herzen Weimars, in unmittelbarer Nachbarschaft des Frauenplans, ist heute das Haus wiederhergestellt worden, in dem einer der treuesten Bürger der Stadt die ersten acht Jahre seines Aufenthalts in Weimar, von 1823 bis 1831, gewohnt hat: Johann Peter Eckermann (1792–1854). Er war ein Norddeutscher aus Winsen an der Luhe, der sein Leben und sein Familienglück aus Verehrung und Anhänglichkeit Goethe geopfert hat. Seine *Beiträge zur Poesie mit besonderer Hinweisung auf Goethe* hatte ihm 1823 die Tür zum Haus am Frauenplan geöffnet. Goethe fand in ihm den idealen Gehilfen, dem er seinen Nachlaß anvertrauen konnte, vor allem, mit dem er Gespräche führte, deren Veröffentlichung Eckermann berühmt gemacht hat.

**Johann Peter Eckermann.
Kreidezeichnung von
Johann Joseph Schmeller, um 1825.**

Das Haus von Johann Peter Eckermann in der Brauhausgasse, um 1900.

Als der erste Band 1836 erschien, war Goethe schon vier Jahre tot und Eckermann ein in jeder Hinsicht verwaister Mann. Acht Jahre hatte er seine Verlobte im fernen Hamburg vertröstet, da ihm die Mittel fehlten, einen Hausstand zu gründen, und nachdem er endlich am 9. November 1831 geheiratet hatte, starb seine Frau drei Jahre später bei der Geburt ihres Sohnes. Sie hinterließ einen gebrochenen Mann, der trotz aller Versuche, selbständig zu werden, eigentlich nur noch der Erinnerung leben konnte, ähnlich wie sein Kollege Friedrich Wilhelm Riemer. Dies spielte sich jedoch nicht mehr in dem Haus an der Brauhausgasse ab. Nach der Heirat hatte Eckermann eine Wohnung am Theater, später dann am Markt bezogen.

Eckermanns *Gespräche mit Goethe in den letzten Jahren seines Lebens* haben bis heute nichts von ihrer Faszination verloren. Das Buch, das Nietzsche als das beste Werk der deutschen Prosaliteratur neben Goethes Werken bezeichnete, ist in dem Geist geschrieben, den Eckermann seiner Braut 1825 bekannt hatte: »Das Glück, was ich durch mein immer innigeres Verhältnis mit Goethe genieße, ist so groß, daß mir kein Mensch in der Welt dafür Ersatz geben könnte, so wie Goethe selbst in der Welt nicht seinesgleichen hat.«
Wir treffen auf die Schützenstraße, gehen nach rechts – links sehen wir das ehemalige Gebäude der einstigen Armbrust-Schützengesellschaft (Nr. 8) – und erreichen den weitläufigen, durch das Nationaltheater

und das davorstehende Doppelstandbild Goethes und Schillers geprägten Theaterplatz. Auch hier wurde Geschichte gemacht, nicht nur die Geschichte des klassischen Theaters, sondern auch die politische der Weimarer Republik.

⑮ Das Deutsche Nationaltheater
Das neoklassizistische Hoftheatergebäude mit dem von sechs Säulen getragenen Vorbau stammt aus der letzten Phase großherzoglicher Repräsentationsvorstellungen: Es wurde am 11. Januar 1908 eröffnet und elf Jahre später in Deutsches Nationaltheater umbenannt. »In diesem Hause gab sich das deutsche Volk durch seine Nationalversammlung die Weimarer Verfassung vom 11. August 1919«, liest man auf der am Gebäude angebrachten Bronzetafel. Das am 9. Februar 1945 zerstörte Theater wurde 1946 bis 1948 wieder aufgebaut. Hier hatte das Goethejahr 1949 mit der Rede Thomas Manns seinen Höhepunkt.
»Einen Akt des Vandalismus« hat Henry van de Velde die Zerstörung des alten Hoftheaters bezeichnet, das an gleicher Stelle gestanden hat. In der Tat war 1905 eine historische Chance verpaßt worden, an der Belvedere-Allee ein von der berühmten Schauspielerin Louise Dumont und ihrem Mann Gustav Lindemann vorgeschlagenes »Dramatisches Nationaltheater« als Ausdruck moderner Bühnenkunst zu errichten. Dafür hatte sich Max Reinhardt interessiert, und Harry Graf Kessler stand hinter den Ideen. Doch die Verfechter der überholten Hofkultur, insbesondere der Oberhofmarschall, hintertrieben die kühnen Pläne.

Das alte Hoftheater war 1825 wiederum an der Stelle gebaut worden, an der das Komödienhaus abgebrannt war. Dieses langgestreckte Theatergebäude hatte der Weimarer Baumeister Andreas Georg Hauptmann 1779 gegenüber dem Wittumspalais, damals noch außerhalb des Stadtkerns, errichtet. Es wurde 1780 eingeweiht. Goethe übernahm 1791 die Leitung dieses Theaters. Er begründete die große Weimarer Theatertradition, er bildete seine Schauspieler heran, leitete die Proben und vermit-

Das Komödienhaus. Zeichnung von J. F. R. Steiner, um 1820.

Das Haus Theaterplatz 1 mit der Wohnung von Johanna Schopenhauer.
Rechts: Das Hoftheater, davor das Goethe-Schiller-Denkmal. Um 1900.

telte seine Vorstellungen von der Theaterarbeit. Hier wurden Goethes und
Schillers, Schlegels und Zacharias Wer-
ners Stücke gspielt, es wurden Opern
und Operetten aufgeführt, und die
Schauspiele von Iffland und Kotzebue
waren Kassenschlager. Hier feierten Johann Jakob Graff, Anton Genast, Friedrich Haide, die Ehepaare Lortzing und
Wolff, die Schauspielerinnen und Sän-
gerinnen Friederike Unzelmann, Caroline Jagemann, Auguste Durand und
viele andere ihre Triumphe. Als Goethe
1817 die Theaterleitung niederlegte,
ging eine Epoche deutscher Theater-
kultur zu Ende. 1825 zog Goethe Bi-
lanz: »Für das, was hier geleistet worden, stand das bescheidene Haus als ein
kleines Wunder da. Die Aufmerksamkeit von ganz Deutschland war darauf
gerichtet. Der Reisende betrat es mit
einer Anwandlung von Ehrfurcht.«

Das nach dem Brand 1825 neu eröffne-
te Hoftheater erlebte andere Zeiten: das
Wirken Franz Liszts, der Wagner, Berlioz und Schumann aufführte, die Tätigkeit Franz Dingelstedts, der sich um
Friedrich Hebbel verdient gemacht hat
und zum erstenmal Shakespeares Königsdramen auf die Bühne brachte, und
schließlich Richard Strauß, der für einige Jahre mit seinen Konzerten größtes
Aufsehen erregte.

⓰ Die Wohnung von Johanna Schopenhauer Theaterplatz 1

Das nur noch zu einem kleinen Teil
vorhandene, hinter neueren, niedrigen
Vorbauten fast verschwundene Haus
war einmal der geselligste und amüsan-
teste Treffpunkt literarisch und musikalisch interessierter Menschen in Wei-

mar. In das Haus der Hofrätin Ludecus war, kurz vor der Schlacht bei Jena und Auerstedt im Oktober 1806, eine junge Witwe, Johanna Schopenhauer (1766–1838), mit ihrer damals neunjährigen Tochter Adele eingezogen. Der ältere Sohn, der spätere Philosoph Arthur Schopenhauer, kam hin und wieder zu Besuch und wirkte wie ein enfant terrible in der Etikette bürgerlich-höfischen Lebens.

Zwischen 1806 und 1813 gehörten Goethe und Wieland, die Schriftsteller Johannes Falk und Stephan Schütze, Zacharias Werner und Gerhard von Kügelgen zu den Gästen im Salon der anregenden und für Kunst und Literatur engagierten Gastgeberin. »Sie hatte eine unvergleichliche Art, sich selbst in den Hintergrund zu stellen und trotzdem, wie mit unsichtbaren Fäden, die Geister in Bewegung zu halten. Oft

**Johanna und Adele Schopenhauer.
Ölbild von Karoline Bardua, 1807.**

schien sie selbst kaum an der Unterhaltung teilzunehmen, und doch hatte ein hingeworfenes Wort von ihr dieselbe angeregt; ein ebensolches belebte sie, sobald sie ins Stocken zu geraten schien«, schrieb Jenny von Pappenheim. Als es nach den Freiheitskriegen in Weimar ruhiger wurde, begann Johanna Schopenhauer zu schreiben. Sie hat sich mit ihren Romanen, beispielsweise *Gabriele* (1819/20), einen Namen gemacht.

1808 starb im Hause, umsorgt von der Hausherrin, Carl Ludwig Fernow, der Bibliothekar der Herzogin Anna Amalia, ein bedeutender Kunstgelehrter, der das Erbe Winckelmanns in das klassische Weimar einbrachte.

**⑰ Das Kulissenhaus,
die heutige Kunsthalle
Theaterplatz**

Das flache Gebäude gegenüber dem Theater, eine auf dem Boden des ehemaligen Franziskanerklosters umgebaute Wagenremise, diente dem Theater lange Zeit als Kulissenhaus. Es erhielt 1823 durch den Baumeister C. W. Coudray seine jetzige Gestalt. Hier finden heute wechselnde Kunstausstellungen statt.

**⑱ Das Goethe- und Schiller-
Denkmal von Ernst Rietschel**

Zu den charakteristischen Wahrzeichen Weimars gehört das Doppelstandbild, das Schiller mit idealistischem Blick an der Seite eines realistisch in die Welt schauenden Goethe darstellt: beide halten einen Lorbeerkranz in den Händen.

Das Haus von Christoph Martin Wieland. Zeichnung von A. Glaeser, 1830.

Dieses Denkmal hat weltweit das Bild von dem Freundespaar, den Dioskuren der deutschen Klassik, mitgeprägt. Von dem Dresdener Bildhauer Ernst Rietschel, einem Schüler Christian Daniel Rauchs, entworfen und in München gegossen, wurde es am Tage nach der Grundsteinlegung für ein Carl-August-Denkmal auf dem Fürstenplatz mit großem Pomp enthüllt. Seither beherrscht das Monument den Platz vor dem Theater.

Ehe wir das neben dem Kulissenhaus stehende Wittumspalais besuchen werden, wählen wir noch einen Umweg in nördlicher Richtung, um uns an der Wielandstraße das Haus zu vergegenwärtigen, in dem der Dichter der Abderiten *und des* Agathon *wohnte, das der Straße den Namen gab.*

⑲ Das Haus von Christoph Martin Wieland
Wielandstr. 1

Fünf Wohnungen Wielands werden wir auf unseren Spaziergängen kennenlernen: die sechste und letzte Lebensstation in Weimar war dieses Haus, mit einem längst verschwundenen Garten, das heute, eingeschlossen und zugebaut, kaum noch den Eindruck von dem Gebäude vermittelt, das der damals 73jährige Christoph Martin Wieland (1733–1813) 1806 bezog und in dem er am 20. Januar 1813 starb. »Ich bin von der Herzogin Amalie kaum dritthalbhundert Schritte und vom Komödienhause nur fünfzig bis sechzig entfernt«, schrieb Wieland, der zum engsten Freundeskreis der im Wittumspalais lebenden Fürstin gehörte. Als einer der Senioren der deutschen Aufklärung, der in Goethes Weimar lebte, wurde er nicht nur von zwei Kaisern ausgezeichnet, sondern von einer breiten Leserschicht verehrt.

Goethe hat ihm »zu brüderlichem Andenken« einen so ausführlichen Nachruf gewidmet, wie keinem seiner Zeitgenossen. Diese Rede ist ein Dokument der Bewunderung und Zuneigung, der Freundschaft und Dankbarkeit. Es heißt darin: »Sein dichterisches, so wie sein literarisches Streben war unmittelbar aufs Leben gerichtet, und wenn er auch nicht gerade immer einen praktischen Zweck suchte, ein praktisches Ziel hatte er doch immer nah oder fern vor Augen. Daher waren seine Gedanken beständig klar, sein Ausdruck deutlich, gemeinfaßlich, und da er, bei ausgebreiteten Kenntnissen, stets an dem Interesse des Tages festhielt, demselben folgte, sich geistreich damit beschäftigte, so war auch seine Unterhaltung durchaus mannigfaltig und belebend; wie ich denn auch nicht leicht jemand gekannt habe, welcher das, was von andern Glückliches in die Mitte gebracht wurde, mit mehr Freudigkeit aufgenommen und mit mehr Lebendigkeit erwidert hätte.«

Am Ende der Straße erreichen wir den heutigen Goetheplatz. An dieser Ecke befand sich das Erfurter Stadttor, durch das Goethe am 7. November 1775 in die Stadt kam. Wir blicken nach links und sehen das Hotel Russischer Hof und die sich anschließenden Gebäude aus dem frühen 19. Jahrhundert. Rechts an der andern Seite des Platzes liegt das frühere Lesemuseum, dahinter das Erholungsgebäude und der Kasseturm.

❷⓿ **Der »Russische Hof«**
Goetheplatz 2

Der um 1800 nach Plänen des Bauunternehmers Anton Georg Hauptmann begonnene »Alexanderhof« – benannt nach dem russischen Zaren Alexander I., Bruder der späteren Großherzogin Maria Pawlowna – war seit 1804 einer der bekannten Gasthöfe Weimars. Das zuerst »Russischer Hof«, später auch »Hôtel de Russie« genannte Gasthaus war im 19. Jahrhundert der Treffpunkt von Gelehrten und Künstlern. Hier gründeten Heinrich Hoffmann von Fallersleben und Franz Liszt mit ihren Freunden im November 1854 den »Neu-Weimar-Verein«, der als künstlerische Opposition in der verträumten und reaktionären Residenzstadt viel Staub aufwirbelte. Die zwölf Gebote des Vereins setzte Hoffmann von Fallersleben in Reime, die Schlußzeilen lauten: »Altes gibt es genug, wir hoffen was Neues in Weimar, / Darum haben wir Neu-Weimar-Verein uns genannt, / Wenn wir's finden in uns, so wird es sich finden in Weimar, / Und frisch, fröhlich und frei können wir lange bestehn.« Viele Gäste hat der Russische Hof beherbergt. Im Februar 1870 erlebte hier der russische Dichter Iwan Turgenjew, der von seiner Heimat her an Kälte gewohnt war, einen unvorstellbar harten Winter: »Die ganze Familie ist hier seit einigen Tagen – und friert! Friert ganz erbärmlich! Die Kälte ist schneidend – die Häuser in Weimar sind aus alten Kartonbogen gebaut und mit altem Speichel karg zusammengekittet. – In meinem Zimmer kann ich trotz rasender, anhaltender Heizung nicht über sieben Grad bekommen!

Das Hotel »Russischer Hof« am Goetheplatz, das im Goethejahr 1832 »Fürstenhof« hieß.

Nachts friert das Wasser in den Gläsern, und ich erwache mit Eiszapfen am Bart. Der einzige Gedanke – ist Feuer, Feuer, Wärme! Alles läuft mit Holz und Kohlen herum, die Hände sind schmutzig und geborsten, die Nasen rot und feucht... Alle tragen alle ihre Sachen auf einmal auf dem Leib, sehen sich mit stieren, verglasten Blicken an – und die Idee, in derselben Stadt zu wohnen, wo das edle Dichterpaar wirkte – hat absolut keinen Wert und übt nicht den mindesten Einfluß auf das Gemüt! Ja, man fühlt sich zur Vermutung geneigt, die beiden dicken bronzenen Herren da vor dem Theater können wohl durch ihre Metallität die Kälte noch vergrößern – und ein geheimer Ingrimm überschleicht das Herz! – Eine Ursache

mehr – dem Goethe sein Übersiedeln nach Weimar nicht zu verzeihen!«
Zu den Goethefeiern 1932 hatte man Thomas Mann in dem angesehenen Haus, das damals »Fürstenhof« hieß, einquartiert: »Es ist das ein sympathisches altes Hotel, wie man es in kleinen Städten findet, aber unter den gegenwärtigen Umständen war es außerordentlich geräuschvoll. Der ›Erbprinz‹ oder der ›Elephant‹ wäre angenehmer gewesen.«, schreibt er. Außerdem warfen die politischen Ereignisse ihre Schatten voraus, die den berühmten Autor zwei Jahre danach zur Emigration zwangen: »Die Stadt unter den gegenwärtigen Umständen zu sehen, war sehr merkwürdig. Das Nest hatte förmlich eine Injektion bekommen durch den ungeheu-

ren Fremdenzudrang. Man sah hier alle menschlichen Typen, auch exotische. Die Bevölkerung war erregt und neugierig und bildete Menschenmauern, wenn ein Regierungsvertreter oder dergleichen aus dem Automobil stieg. Ganz eigenartig berührte die Vermischung von Hitlerismus und Goethe. Weimar ist ja eine Zentrale des Hitlertums ... Der Typus des jungen Menschen, der unbestimmt entschlossen durch die Stadt schritt und sich mit dem römischen Gruß begrüßte, beherrscht die Stadt.«

㉑ Die Wohnung von Carl August Schwerdgeburth im Hause Goetheplatz 3

In dem dem »Russischen Hof« benachbarten Hause lebte einer der Künstler, die zu Goethes Lebenskreis gehörten: Carl August Schwerdgeburth (1785– 1878), Zeichner, Kupfer- und Stahlstecher, in Diensten von Bertuchs Landes-Industrie-Comptoir, Lehrer an der Zeichenschule, schließlich Weimarer Ehrenbürger, der 1821 radierte Blätter nach Goethes Handzeichnungen herausgab und später in liebevollen Genreszenen den Weimarer Großherzog verewigte: *Carl August mit seinen Hunden im Park*; *Carl August auf Besuch bei Goethe*; *Carl August kehrt von der Jagd zurück*.

㉒ Das frühere Lesemuseum Goetheplatz 12

An dieser Ecke des früheren Carlsplatzes ließ die Großherzogin Maria Pawlowna, die Schwiegertochter Carl Augusts, im Schillerjahr 1859 nach den Entwürfen von Ferdinand Streichhan (1804–1884), einem Schüler Schinkels und C. W. Coudrays Nachfolger, das neue Lesemuseum errichten, eine Nachahmung des berühmten Niketempels auf der Akropolis. Dem ursprünglichen Zweck, Bildung und Wissen durch die Lektüre von Zeitschriften und Büchern zu fördern, längst entfremdet, erinnert das sonderbare, hoch gelegene Gebäude daran, daß man in Weimar nicht nur Gebäude und denkwürdige Stätten betrachten, sondern die Werke der Schriftsteller auch lesen sollte, die hier in der klassischen und nachklassischen Zeit gelebt haben.

㉓ Das frühere Erholungsgebäude, heute Jugendzentrum Goetheplatz 11

In Goethes Weimar gab es in Clubs und Vereinen vielfältiges geselliges Leben, an dem auch Goethe teilnahm. 1799 hatten Bürger eine Gesellschaft »Ressource« gegründet, die später »Erholung« hieß. Für diesen bürgerlichen, sich selbst finanzierenden Geselligkeitsverein – es gab im 19. Jahrhundert in jeder Stadt solche Vereinigungen – baute der Weimarer Oberbaudirektor Ferdinand Streichhan 1860 das majestätische Gebäude, das man als »Ausgang der klassizistischen Architektur« in Weimar bezeichnet hat (A. Jericke/H. Dolgner). Die »Erholungsgesellschaft« bestand bis 1897.

Hier wurde 1864 die Deutsche Shakespeare-Gesellschaft anläßlich des 300. Geburtstags des großen englischen Dramatikers auf Anregung des Theaterdirektors Franz Dingelstedt gegründet. Ihm kommt das Verdienst zu, am Weimarer Hoftheater zum erstenmal die Königsdramen Shakespeares aufgeführt zu haben, an dem Ort also, an dem die großen Shakespeare-Verehrer des 18. Jahrhunderts gelebt hatten: Goethe und Herder.

㉔ Das frühere Hotel Chemnitius Geleitstraße 12

Zu Goethes Zeit hatte das Landes-Industrie-Comptoir von Friedrich Justin Bertuch bis 1802 hier seine Arbeitsräume. Später soll hier der Minister Carl Wilhelm Freiherr von Fritsch gewohnt haben. Für uns bemerkenswert aber ist das heute unscheinbare Haus dadurch, daß hier Franz Kafka mit seinem Freund Max Brod vom 29. Juni bis 7. Juli 1912 als Gast in dem damaligen Hotel Chemnitius wohnte.

»Gang in der Nacht zum Goethehaus. Sofortiges Erkennen. Gelbbraune Farbe des Ganzen. Fühlbare Beteiligung unseres ganzen Vorlebens an dem augenblicklichen Eindruck. Das Dunkel der Fenster der unbewohnten Zimmer. Die helle Junobüste. Anrührende Mauer. Ein wenig herabgelassene weiße Rouleaux in allen Zimmern. 14 Gassenfenster. Die vorgehängte Kette. Kein Bild gibt das Ganze wieder. Der unebene Platz, der Brunnen, die dem ansteigenden Platz folgende gebrochene Baulinie des Hauses. Die dunklen etwas länglichen Fenster in das Braungelbe eingelegt. Das auch an und für sich auffallendste bürgerliche Wohnhaus in Weimar.« So notierte Kafka den ersten Eindruck. Wie es ihm in den nächsten Tagen erging, wie er sich in die Tochter des Hausmeisters des Goethehauses verliebte, die Margarethe Kirchner hieß, wie er nur noch sie im Kopf hatte,

Franz Kafka und Margarethe Kirchner im Garten des Goethehauses, 1912.

mit ihr und den Eltern nach Tiefurt spazierte, wie er sich mit ihr im Garten fotografieren ließ, wie sich dann alles weiter verwirrte – das ist eine eigene Geschichte, die man sich als Buch wünschte: Kafka in Weimar.

㉕ Die Wohnung von Peter Cornelius Geleitstraße 10

Eine Tafel an diesem, dem früheren Hotel Chemnitius benachbarten Hause erinnert daran, daß hier von 1853 bis 1858 Peter Cornelius, der Dichter-Komponist, wohnte, ein Verehrer Richard Wagners und Franz Liszts, der den begabten, heute kaum noch bekannten Künstler nach Weimar berief. Die Premiere seiner Oper *Der Barbier von Bagdad*, im Hoftheater zu Weimar am 15. Dezember 1858 durch Liszt uraufgeführt, wurde ein peinlicher Theaterskandal. Man vermutet, daß der neue Theaterdirektor, der Schriftsteller Franz Dingelstedt, seinen Konkurrenten, den großen Musiker Franz Liszt, ausbooten wollte. Die Folge war, daß Franz Liszt seinen Posten als Musikdirektor aufgab. So verpaßte Weimar die erste seiner Chancen nach Goethes Tod: Die Stadt hätte der Festspielort werden können, der später in Bayreuth verwirklicht wurde.

Eigentlich müßte unser Weg weiter durch die Böttchergasse führen, aber die alten Häuser aus Goethes und späteren Zeiten, darunter auch die Freischule, sind fast alle einer häßlichen Neubebauung gewichen. So gehen wir weiter die Geleitstraße entlang, biegen nach rechts in die Windischengasse ein, die wir auf dem nächsten Spaziergang

näher kennenlernen werden. Der Platz zwischen der Böttchergasse und dem Wittumspalais hatte seine eigene unheimliche Geschichte. Dort stand das Zuchthaus und dahinter, zum Kloster hin, ein Gerichtsgebäude, in dem früher die Familie von Werthern wohnte. Das Haus galt als Spukhaus. Hier hat übrigens die berühmte Tochter des französischen Finanzministers Jacques Necker, Anne-Germaine de Staël-Holstein, vom Dezember 1803 bis zum April 1804 gewohnt, die hartnäckig bei Goethe antichambrierte und später in ihrem Buch De l'Allemagne *Weimar ein Denkmal setzte.*

Nach wenigen Schritten kommen wir zum ehemaligen Franziskanerkloster an einer Gasse, »Am Palais« genannt, durch die wir zum Wittumspalais, dem Witwensitz der Herzogin Anna Amalia, gelangen.

㉖ Das ehemalige Franziskanerkloster, heute Teil der Musikhochschule

Am Rande der alten Stadt befand sich das spätmittelalterliche, 1453–1457 gegründete Franziskanerkloster, dessen Reste in dem langgezogenen hohen und dunklen Gebäude zu sehen sind. Hier soll Martin Luther vor seinen Reisen nach Augsburg und Worms gepredigt haben. Das nach der Reformation von den Mönchen verlassene Gebäude wurde lange Zeit als Kornhaus benutzt, so auch noch zu Goethes Zeit. 1872 wurde hier eine Orchesterschule, die erste in Deutschland, gegründet. Lange Zeit stand ihr dieses weitläufige Gebäude allein zur Verfügung. Noch heute ist es ein Teil der nach Franz Liszt benannten Musikhochschule.

Eingang zum Wittumspalais, um 1900.

㉗ Die Hofseite des Wittumspalais

Ein hohes schmiedeeisernes Gitter und ein Torbogen führen zum Eingang des Palais. Man hat hier, wie im benachbarten Gebäude, Reste des alten Franziskanerklosters vor sich.

㉘ Das Haus der Kammerfrauen der Herzoginmutter Anna Amalia

Auch das kleine Haus rechts hinter dem Durchgang wollen wir nicht unerwähnt lassen. Wilhelm Bode erzählt, daß sich hier die Wohnungen der Kammerfrauen der Herzoginmutter Anna Amalia befanden: In ihren Diensten standen zuerst Amalia Kotzebue und, als Sekretär der Herzogin, ihr Bruder, der spätere Vater von August von Kotzebue. Auch die Nichte Amalie Johanna Caroline bekleidete den gleichen Posten, ehe sie den Steuerrat Ludecus heiratete und sich als Amalie von Berg schriftstellerisch betätigte, wie ihr Vetter. Ihr erstes Buch erschien 1800: *Louise oder die unseligen Folgen des Leichtsinns.* Man

sieht, in Anna Amalias Nachbarschaft blühte die Schriftstellerei.
Wir gehen über den Hof, die kleine Treppe rechts hinauf, und kommen zum Eingang des Hauses.

㉙ Das Wittumspalais

Der Witwensitz der Herzogin Anna Amalia von Sachsen-Weimar-Eisenach (1739–1807) ist eine der klassischen Stätten Weimars. Die aus Wolfenbüttel stammende Fürstin, Mutter von Carl August, hatte nicht nur mit Umsicht und Klugheit regiert, sondern auch Knebel und Wieland als Erzieher berufen und so den Musenhof begründet, der durch die Ankunft Goethes und dann Herders Weimar zur geistigen Hauptstadt der Zeit machte.
36 Jahre war sie alt, als sie im Herbst

Das Tafelrundenzimmer im Wittumspalais.

Die Tafelrunde bei Herzogin Anna Amalia. Aquarell von Georg Melchior Kraus, um 1795. Von links: J. H. Meyer, Henriette v. Fritsch, Goethe, F. H. v. Einsiedel, Anna Amalia, Eliza Gore, Charles Gore, Emily Gore, Louise v. Göchhausen, Herder.

1775 ihrem Sohn die Regierungsgeschäfte überließ und das Palais bezog, das sich ihr angesehener Minister Jakob Friedrich Freiherr von Fritsch 1767 hatte bauen lassen und das er nun selbstlos seiner Fürstin verkaufte. Dem Komödienhaus gegenüber, am Ende der grünen Esplanade, richtete Anna Amalia ihr Haus nach ihrem Geschmack ein, unterstützt von dem Leipziger Maler Adam Friedrich Oeser und beraten durch ihre treuergebene geistreiche Hofdame Louise von Göchhausen (1752–1807), die in der Mansarde wohnte.

Über 30 Jahre lebte hier Anna Amalia als Mittelpunkt eines literarischen und künstlerisch interessierten Freundeskreises. Hier wurden die neuesten Dichtungen gelesen und besprochen; hier übte man sich im Malen und Zeichnen. Goethe und Herder, Wieland und Knebel, Einsiedel und Seckendorff, Charles Gore und Jean Paul waren hier oft zu Gast, und das berühmte Bild von Georg Melchior Kraus, das noch heute in der Bibliothek hängt, zeigt die Tafelrunde. Sie wurde so berühmt wie die Freitagsgesellschaft, die Goethe mit seinen Freunden zum Geburtstag der Herzogin 1791 ins Leben rief und die sich ebenfalls in diesem Hause traf.

Daß es oft lustig und übermütig zuging, wird in vielen Erzählungen berichtet. Besonders auch die »Freundschaftstage« des Fräulein von Göchhausen, das

41

Frühstück, das jeden Sonnabend im Wittumspalais stattfand, waren beliebte Treffen des bürgerlich-höfischen Weimar.

Dem Charme des Hauses wird sich auch der Besucher heute nicht entziehen können, der die Wohn- und Gesellschaftsräume des Wittumspalais besucht und die Bilder und Bücher, die Möbel und Wandschirme betrachtet. Die Wohnkultur der Goethezeit wird hier überliefert, und jeder Gast wird sich von dem Fluidum dieses unvergleichlich anregenden Ortes einfangen lassen.

Das Wittumspalais,
von der Schillerstraße aus gesehen.

Als Rilke dem Rat Katharina Kippenbergs folgend Anfang September 1911 das Wittumspalais besuchte, beschrieb er dieses Erlebnis in einem Brief an Helene von Nostitz: »Überdies sah ich Tiefurt, das bescheidene, – und sah Belvedere wieder und empfand auf das Unmittelbarste im Wittumspalais, was noch an Nachklang gemeinsamer Lesestunden um den großen Abendtisch der Herzogin Anna Amalia verschwingen mag. Dort widerfuhr mir ein kleines Erlebnis, als wir oben in den blauen Salon (neben dem Ballsaal) eintraten, entfernte ich mich von der am Eingang vor einem Bild sich zusammenhaltenden Gruppe von Leuten und hatte die Überraschung, aus einem der verhängten, gedämpft scheinenden Fenster einen großen schönen dunkeln Schmetterling irgendwie bedeutsam und ausdrücklich auf mich zukommen zu sehen (ich wandte mich unwillkürlich um, niemand hatte ihn bemerkt); er bewegte sich langsam und gefällig, wendete sich, zögerte in einer sonnigen Stelle der Luft und zog dann, so recht allein und hinreichend, mitten durch die offene Flügeltür in den schönen Tanzsaal ein, (schwer in seinem Leichtsein wie der Blick eines dunkeln Auges) bog nach einiger Zeit dort entschlossen ab, verschwand nach links –, und war, als wir in einer Weile alle dort herumtraten, nirgends zu sehen. Das alles ging so seltsam ausführlich vor sich, verging in seinem bißchen Zeit so langsam, daß es ebenso zeitlos wie vertraulich war, lieblich-ernst, voll besonderer Mitteilung –, ich wollt es Ihnen erzählen, vielleicht läßt sich Weimar drinnen erkennen und grüßt Sie so.«

Nachdem wir das Wittumspalais verlassen haben, stehen wir wieder am Rande des Theaterplatzes. Wir wenden uns nun nach links, kommen in die Schillerstraße und betrachten noch einmal die eindrucksvolle, der Straßenseite zugewandte Front des Wittumspalais, ehe wir weitergehen.

Die nach Schiller genannte Straße hieß zu Goethes Zeiten Esplanade und war ein durch die Niederlegung der früheren Befestigungen entstandener Boulevard, der durch Bäume und Gärten einen besonders lieblichen Charakter besaß. Die Esplanade wur-

de erst nach und nach bebaut. Heute ist die Schillerstraße eines der Zentren der immer noch kleinen Stadt. An ihr aber stehen nach wie vor denkwürdige Häuser, die die Geschichte des klassischen Weimar erzählen können.

㉚ Das ehemalige Redoutenhaus, heute Schillerstraße 18

Dort, wo sich heute auf altem Grund und hinter alten Mauern das Café Sperling befindet, stand 1775 das nach dem Eigentümer benannte Hauptmannsche Redoutenhaus, in dem der Herzog Feste veranstaltete und Schauspieltruppen Theater spielten. Als Goethe am 7. November 1775 in Weimar eintraf, wurde er an diesem Ort von der Weimarer Hofgesellschaft empfangen, die den Dichter der *Leiden des jungen Werther* und des *Götz von Berlichingen* mit gemischten Gefühlen aufnahm, dem Freund des jungen Herzogs aber auch mit Respekt begegnete. Die langen und schmerzlichen Erfahrungen Goethes im Umgang mit den Hofchargen nahmen an diesem Ort ihren Anfang.

㉛ Der Gustav Kiepenheuer-Verlag Schillerstraße 15

In dem großen Haus rechter Hand, aus dem späten 19. Jahrhundert, wirkte zwischen 1909 und 1919 ein bedeutender Verleger moderner Literatur: Gustav Kiepenheuer (1880–1949), dessen Verlag noch heute in Leipzig fortbesteht. Wenn man als Bücherfreund nach Weimar kommt, kann man sich leicht anre-

gen lassen, Bücher über die Stadt zu schreiben – oder zu verlegen. So erging es dem 30jährigen Gustav Kiepenheuer, dessen Verlegerlaufbahn als Inhaber der Buchhandlung Ludwig Thelemann an der Esplanade begann: »Ich saß also damals auch in der schönen und noch lebendigen Stadt Weimar, hatte mir eine Buchhandlung gekauft, um diese als Sprungbrett zum Verlage zu benutzen. Kaum war ich vier Wochen in Weimar, hatte ich schon einen Plan, nämlich den, für die vielen Fremden ein Büchlein zu schaffen, das den Reiz des alten Weimar wiedergab; in Gedanken gab ich ihm den Titel: *Damals in Weimar*, es fehlte lediglich noch der Verfasser. Da fiel mir ein, daß es einen Mann namens Wilhelm Bode gab, dessen Lebensziel, Goethe und Weimar der Nachwelt zu erhalten, in vielen Büchern zum Ausdruck gekommen war. Ich entdeckte noch am selben Tage, daß dieser zwei Stunden von Weimar, in einem kleinen Dörfchen, Isseroda, wohnte.«
Die Zusammenarbeit kam zustande. Das Buch erschien in schöner Ausstattung und nach ihm viele andere Liebhaberdrucke über das klassische Weimar.

㉜ Die Wohnung von Charlotte von Ahlefeld Schillerstraße 11a

In diesem Haus, neben einem besonders ansprechenden »klassizistischen« Gebäude, wohnte Charlotte von Ahlefeld (1781–1849), eine der vielen Schriftstellerinnen im Umfeld Goethes. Sie kehrte 1821 nach Weimar zurück, in dessen Nähe sie als Tochter des Oberst von Seebach aufgewachsen war. Wie so viele in der Stadt war sie eine große Verehrerin des Dichters. Ihre Erzählungen und Romane, heute vergessen, waren zu ihrer Zeit große Bucherfolge.

㉝ Das Haus der Frau von Pogwisch Schillerstraße 14

Zu seiner Schwiegertochter Ottilie, geborene von Pogwisch (1796–1872), hatte Goethe ein gutes Verhältnis, wenngleich das sprunghafte, chaotische Wesen der in ihrer Ehe unglücklichen Frau seinem auf Harmonie bedachten Charakter ganz entgegengesetzt war. Ottilies Mutter war eine Hofdame der Herzogin Louise, Henriette von Pogwisch, geborene Gräfin Henckel von Donners-

Goethes Enkel Walter und Wolfgang. Zeichnung von B. v. Arnswaldt, 1838.

marck (1776–1851). Sie war 1809 an den Weimarer Hof gekommen durch Vermittlung ihrer Mutter, Ottilie Gräfin Henckel von Donnersmarck (1750–1843), die als Oberhofmeisterin der Erbprinzessin Maria Pawlowna seit 1804 am Hofe lebte.

Die beiden Hofdamen bewohnten das Haus an der Esplanade. Hier besuchten Goethes Enkel ihre Großmama. Auch der alte Goethe selbst achtete auf korrekte Nachbarschaft.

㉞ Das Schillerhaus und das Schillermuseum Schillerstraße 12

Als die adligen Damen im Nachbarhaus wohnten, lebte Goethes Hausarzt Dr. Carl Vogel, der 1830 August von Goethes Geschäfte in der Oberaufsicht über die unmittelbaren Anstalten für Wissenschaft und Kunst in Weimar und Jena übernommen hatte, in dem kleinen Haus an der damaligen Esplanade, das dem Garteninspektor Weise gehörte. 1847 wurde das Haus von der Stadt Weimar als Schillerhäuschen erworben. Nach dem Goethehaus, dem Theater, dem Wielandhaus und dem Wittumspalais ist dieses bescheidene Haus die letzte klassische Gedenkstätte in Weimar auf unserem Wege. Das 1777 erbaute Hintergebäude zur »Alten Münze« an der Windischengasse gehörte einem englischen Kammerherrn, Joseph Charles Mellish, von dem es Schiller 1802 für 4200 Taler erwarb. Er hatte seit 1799 in der Nachbargasse in beengten Verhältnissen gewohnt und war nun glücklich, mit Frau und Kindern in einem geräumigeren Haus leben und

Schillerhaus mit Gänsemännchenbrunnen, um 1920.

arbeiten zu können. Dennoch haben sich die Fremden später immer wieder gewundert, wie ein so großer Dichter ein so kleines Haus habe bewohnen können. Goethe selbst überlieferte die Äußerung des Königs Ludwigs I. von Bayern: »Hier, von der bürgerlich umfangenden Enge gerührt, hörte man ihn beteuern: es sei zweifach bewundernswert, wie Schiller in so eingeschlossenen Räumen so großartig freie Schöpfungen habe hervorrufen können; er würde diesen trefflichen Mann, hätt er ihn noch am Leben gefunden, sogleich nach Rom in die Villa di Malta versetzt und ihm zur Pflicht gemacht haben, das so herrlich angefangene Drama *Die Malteser* in den klassischen Räumen aufzuführen und Roms Geschichte unter Roms Ruinen zu schreiben.« Bedenkt man die ungewöhnliche Schaf-

fenskraft Schillers, der in der letzten Lebenszeit seit 1798 Jahr für Jahr ein Drama schrieb, das in den Kanon der deutschen Dichtung einging, so kann man die Verwunderung verstehen: Aber vielleicht war es gerade diese symbolhafte bürgerliche Enge, aus der der Dichter »in das Land der Ideale« fliehen konnte, um seine Werke unabgelenkt von täglichen Zerstreuungen in der übermäßigen Anspannung seiner Kräfte vollenden zu können.

Ein Dramatiker des 19. Jahrhunderts, Friedrich Hebbel, häufig Gast in Weimar, hat nicht die Enge des Raumes empfunden, sondern die Trauer, die den Besucher überfällt, wenn er sich in den damals noch unberührten Zimmern aufhält und die Tragik nachempfindet, die Schillers Lebensgang bedeutete: »Ich ging nun zu dem Schiller-Hause,

Friedrich von Schiller. Ölbild von Anton Graff, 1785.

das dem Goetheschen so nahliegt, daß die beiden Freunde einander die Briefe und Zettel hätten in die Fenster werfen können, wenn sie sich ein wenig geübt hätten. Dies ist nun wieder nicht so klein und so eng, als man es sich denkt, sondern freundlich und bequem und sogar mit einem Gärtchen geziert... Hätte ich geahnt, wie sehr mich der Besuch dieser Stätte erschüttern würde, so wäre ich nicht gegangen; ich konnte meiner Bewegung kaum Meister werden und lernte mich von einer ganz neuen Seite kennen... Vor allem sein Arbeitszimmer bewegte mich aufs tiefste; hier stand sein Schreibtisch, Briefe von ihm darauf, dort sein kleines Klavier, auf dem seine Gitarre lag, und dicht daneben an der Wand das braune Bettgestell, auf dem er vor mehr als fünfzig Jahren sein Leben aushauchte. Es überwältigte mich, und mich freute nur, daß ich keinen Lohnbedienten, sondern einen gebildeten Mann an der Seite hatte, der mir Zeit ließ, mich zu fassen...«

Schillers Arbeitszimmer.

Der heutige Besucher erlebt das Haus nicht mehr in seiner ursprünglichen Gestalt, sondern in einer behutsam restaurierten Form. Der Zugang ist nur noch über das neuerrichtete, 1988 eingeweihte Schillermuseum vorgesehen: Eine brückenartige Verbindung führt in das Haus, eine Maßnahme, die man angesichts der ständig steigenden Besucherzahlen versteht. Mit großer Kennerschaft haben die früheren Nationalen Forschungs- und Gedenkstätten der klassischen deutschen Literatur Schillers Haus wieder hergerichtet, und man kann bei dem Rundgang durch die Schillersche Wohnung bis ins einzelne die Lebensverhältnisse des von Charlotte von Schiller umsorgten Dichters kennenlernen. Nur noch drei Jahre hat er das Glück gehabt, hier zu leben und zu schreiben, ähnlich wie Lessing in seinem Haus in Wolfenbüttel. Als er am 9. Mai 1805 starb, brach für Goethe, den Freund und Gesprächspartner, eine Welt zusammen. Als man den Sarg des toten Dichters in der Nacht zum 12. Mai zum Jakobsfriedhof brachte, war Goethe ernstlich erkrankt. In seinem Leben ging eine Epoche zu Ende.

Um sich die Beziehung zu Goethe und überhaupt Leben, Werk und Wirkung Schillers zu vergegenwärtigen, sei der Besucher im Anschluß an den Rundgang durch das Schillerhaus auf die ständige Ausstellung im Schillermuseum verwiesen.

Goethe hat sich im Alter immer wieder mit Schiller beschäftigt. Mit der Herausgabe seines Briefwechsels setzte er ihm ein Denkmal. In den Gesprächen mit Eckermann kommt er häufig auf ihn zu sprechen. Dort liest man die bekannt gewordenen Sätze: »Schiller... ist so groß am Teetisch, wie er es im Staatsrat gewesen sein würde. Nichts geniert ihn, nichts engt ihn ein, nichts zieht den Flug seiner Gedanken herab; was in ihm von großen Ansichten lebt, geht immer frei heraus ohne Rücksicht und ohne Bedenken. Das war ein rechter Mensch, und so sollte man auch sein!«

❸❺ Der Gänsemännchenbrunnen

Der Brunnen an der Schillerstraße darf nicht unerwähnt bleiben. Er wurde auf Vorschlag der Anwohner 1863 nach langer Verzögerung aufgestellt. Die Brunnenfigur ist eine Nachbildung des Entenmanns von Pangratz Labenwolf, einem Schüler von Peter Vischer. Die Plastik ziert seit 1530 den Brunnen auf dem Heringsmarkt hinter der Frauenkirche in Nürnberg.

Goethe hatte sich für Peter Vischers Apostelfiguren in der Sebalduskirche interessiert und Abgüsse über Thomas Seebeck, den nach Nürnberg verzogenen Naturforscher, erhalten. Dieser schickte ihm 1814 auch einen Abguß des Entenmanns, den man damals Peter Vischer selbst zuschrieb. Mit seinem Freunde Johann Heinrich Meyer hat Goethe über diese altdeutsche Plastik oft gesprochen. Dies war bekannt geblieben, zumal Meyer selbst in einer erst 1840 veröffentlichten Geschichte von dem Entenmann aus Nürnberg erzählt hat. So kann man diesen Brunnen, der eigentlich nichts mit Goethe zu tun hat, dennoch mit ihm in Verbindung bringen.

❸❻ Die Wohnung von Johann Heinrich Meyer im früheren Haus Schillerstraße 10

Die Zeichenschule, die Johann Heinrich Meyer (1760–1832) leitete, bezog im Sommer 1816 neue Räume im Jägerhaus, da das Fürstenhaus für andere Zwecke benötigt wurde. So mußte auch Meyer seine damalige Wohnung aufgeben und erhielt eine neue in einem Haus, das heute nicht mehr erhalten ist. An seiner Stelle befindet sich das große Gebäude aus dem späten 19. Jahrhundert, Schillerstraße 10. In Meyers Wohnung wurde damals ein Klassenzimmer eingerichtet, in dem der Direktor die oberste Klasse der Zeichenschule selbst weiterhin unterrichten konnte.

Auch der Nachfolger, Ludwig Schorn, ein höchst kunstverständiger Mann, bewohnte dieses Haus an der Esplanade. Hier wurde Adelheid von Schorn geboren, von der noch die Rede sein wird. *Wir überqueren die Frauentorstraße und kommen durch die Puschkinstraße zurück zum Fürstenhaus, der heutigen Musikhochschule Franz Liszt, und sind nach wenigen Schritten wieder am Platz der Demokratie.*

Hofseite des Kirms-Krackow-Hauses.

Zweiter Spaziergang
Stadt und Kirchen

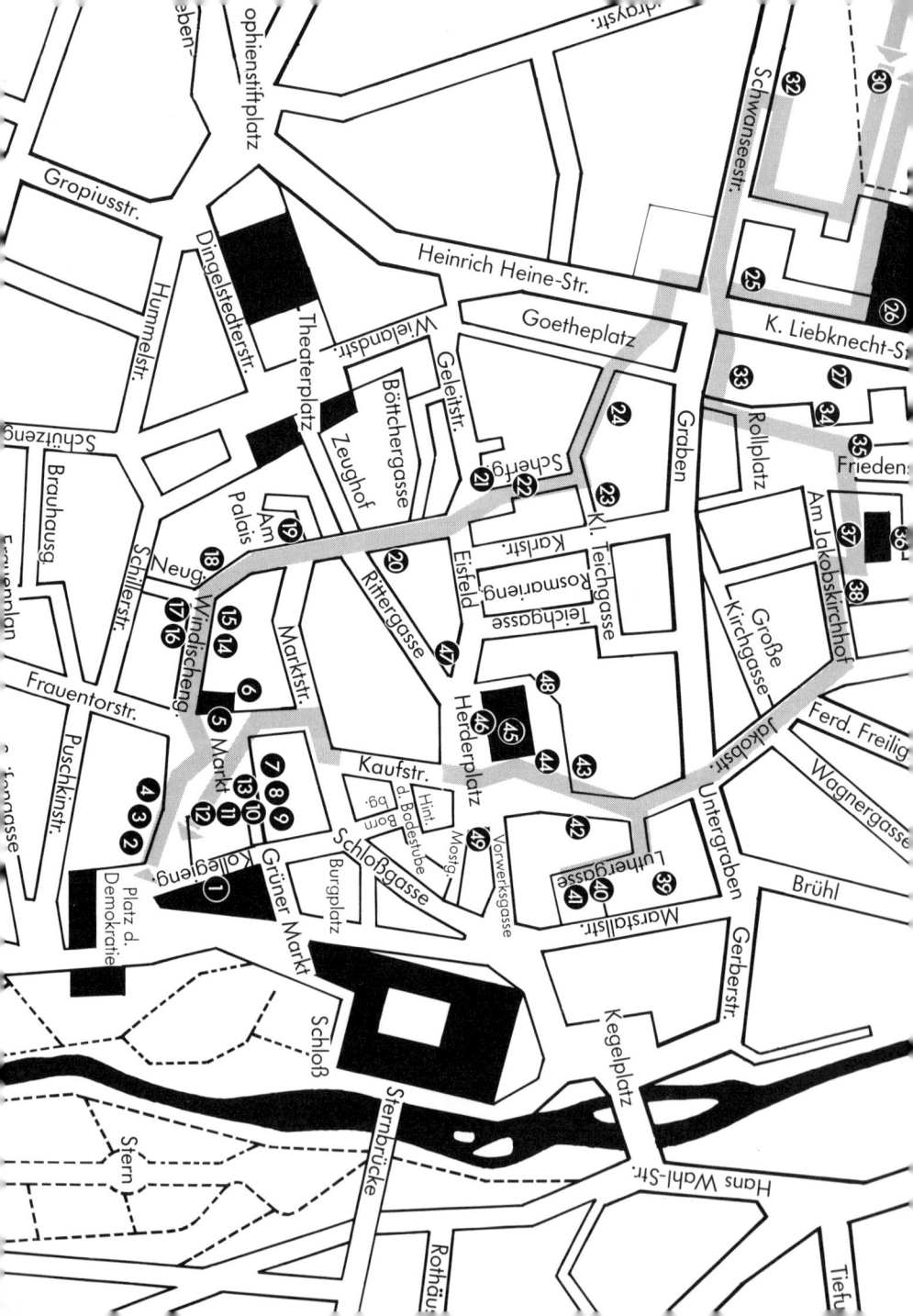

*Der zweite Spaziergang soll uns näher mit
der Stadt Weimar, ihren Bauten und Ein-
wohnern vertraut machen. Als Goethe 1775
dort eintraf, zählte sie rund 6000 Bewohner. Das ganze Herzogtum brachte es auf
107000 Seelen, wie man damals schrieb.
Die mittelalterliche Stadt hatte ihre Spuren
hinterlassen, erst allmählich wandelte sich
ihr Charakter. Johann Gottfried Herder
nannte Weimar noch ein »Mittelding zwischen Hofstadt und Dorf«, und doch wurde
aus dem unbedeutenden Platz dank des
Wirkens großer Männer, die sich hier nie-
dergelassen hatten oder sich niederzulassen
anschickten, Deutschlands geistige Hauptstadt im 19. Jahrhundert. So blieb Weimar
in Erinnerung an eine große Vergangenheit
die Stadt der deutschen Klassik.
Auch unseren zweiten Spaziergang beginnen wir an dem Denkmal Carl Augusts.
Wir wenden uns dem Marktplatz zu, der
inzwischen in seiner ursprünglichen Pro-
portion wiederhergestellt wurde. Seit Goethes Lebzeiten ist er durch Feuer, Bomben
und Zerstörungen in seiner Bausubstanz
außerordentlich beeinträchtigt worden,
mehr als es sonst in Weimar der Fall ist.
Man wird sich die Ereignisse und Personen,
die mit dem Marktplatz in Verbindung zu
bringen sind, also mehr in der Phantasie als
in der unmittelbaren Anschauung zu vergegenwärtigen haben. Wir beziehen auch das
alte Gebäude vis-à-vis vom Denkmal ein.*

❶ Das Rote Schloß

Neben dem eigentlichen Schloß gibt es
in der unmittelbaren Nachbarschaft
drei Gebäude, die nach Farben bezeichnet sind, die heute nicht mehr gelten:
das Rote, das Gelbe und das Grüne
Schloß. Das erstere, heute grau gestri-

chen, wurde als Witwensitz für die Herzogin Susanna Dorothea im 16. Jahrhundert gebaut. Nur noch die stattliche
Westfront des Renaissancegebäudes ist
erhalten: Der Südflügel, in dem sich die
herzogliche Küche befand, als der Hof
zwischen 1774 und 1803 vorübergehend im Fürstenhaus untergebracht
war, wurde zu Goethes Zeiten abgerissen.

Das verschiedenen Regierungszwecken
dienende Rote Schloß beherbergte von
1781 bis 1807 die Freie Zeichenschule,
eine auf Anregung Friedrich Justin Bertuchs geschaffene kulturelle Einrichtung, die in Weimar über Goethes Zeit
hinaus eine große Rolle spielte. Georg
Melchior Kraus (1737–1806) war der
erste Direktor der Schule, ein aus
Frankfurt stammender Maler und
Zeichner, dem wir hübsche Aquarelle
mit Ansichten Weimars zu verdanken
haben. Goethe schätzte ihn sehr. Kraus
hatte das Unglück, daß die Franzosen
seine Wohnung, die sich auch im Roten
Schloß befand, am 14. Oktober 1806
ausplünderten. Das schockierte den alten Künstler so sehr, daß er ein paar
Wochen später, am 5. November, starb.
Seinen Grabstein werden wir auf dem
Jakobsfriedhof finden.

An der Zeichenschule wirkte auch Goethe zu Anfang mit; im Winter 1781/82
unterrichtete er zweimal wöchentlich:
Er erklärte den Zuhörerinnen und Zuhörern die Anatomie des Menschen,
wie er sie selbst von dem damals bekannten Anatomen Justus Christian Lo-
der gelernt hatte.

Das Rote Schloß mit dem Denkmal Carl Augusts.
Im Hintergrund das Rathaus, links davon der Fürstenkeller, um 1900.

❷ Der ehemalige Fürstenkeller
Markt 15

In diesem Eckhaus Am Markt, das wegen Baufälligkeit abgerissen wurde, soll Johann Sebastian Bach (1685–1750) gewohnt haben, der von 1708–1717 als Hoforganist und später als Konzertmeister am Hof des Weimarer Herzogs gewirkt hat und hier viele seiner Werke schrieb. Hier wurden seine Söhne Wilhelm Friedemann und Carl Philipp Emanuel Bach geboren. Im Haus befand sich bis zum Zweiten Weltkrieg eine Weinstube, der Fürstenkeller.

❸ Das Hotel »Zum Erbprinzen«
Markt 16

Auch das Nachbargebäude des einstigen »Fürstenkellers« ist 1989 abgerissen worden und soll wieder aufgebaut werden. In der Baulücke stand ein altes Gasthaus, das seit Goethes Zeiten »Zum Erbprinzen« hieß und in dessen Nutzung seit 1803 das Nachbarhaus einbezogen wurde. In diesem hatte der berühmte Arzt Christoph Wilhelm Hufeland, der spätere Leibarzt der preußischen Königin Luise, von 1787–1793 gewohnt, der oft in Goethes Haus verkehrte.

In dem geräumigen und beliebten Hotel logierte 1776 Goethes Jugendfreund Jakob Michael Reinhold Lenz, ein ungebetener, sich bizarr benehmender Gast, der Verfasser von Dramen des Sturm und Drang, dem später Georg Büchner mit seinem Prosastück *Lenz* ein Denkmal gesetzt hat. Auch sein Freund Friedrich Maximilian Klinger nahm hier vorübergehend Quartier. Viele Besucher wohnten im »Erbprinzen«: so Schiller, als er 1787 zum erstenmal nach Weimar kam, auch der Dichter Johann Gottfried Seume, später Franz Liszt, Richard Wagner, Franz Dingelstedt, Friedrich Hebbel und andere.

Carl August pflegte sich dort oft mit Goethe, Schiller und Wieland zu treffen. Knebel verabredete sich mit Schiller, der alte Wilhelm von Humboldt tauschte mit seinem Freunde Goethe 1823 an diesem Ort Erinnerungen aus. Richard Wagner kam 1849 als Flüchtling nach Weimar, wohnte im »Erbprinzen« und schloß Freundschaft mit dem seit 1848 am Theater tätigen Franz Liszt.

Auch Friedrich Hebbel, der am 5. Mai 1857 zum erstenmal nach Weimar gekommen war, wohnte im »Erbprinzen«.

Hotel »Zum Erbprinzen«, um 1900.

»Es ist sieben Uhr früh, ich sitze im Erbprinzen und habe eben einen vortrefflichen Café getrunken, auch sieht die Sonne, die sich gestern verkroch, mir hell und freundlich über die Schultern«, schrieb er seiner Frau Christiane am folgenden Tag, und am gleichen Abend erzählte er ihr seine Erlebnisse auf Goethes und Schillers Spuren: »Gleich nachdem ich Dir geschrieben hatte, verließ ich das Hotel und suchte zunächst das Goethesche Haus auf. Es lag dicht um die Ecke und ist keineswegs so prächtig, als man es sich nach den Beschreibungen vorstellt; die große Treppe im Inneren paßt durchaus nicht zum Äußern, sie scheint aus einem Palast geraubt und bis auf bessere Verwendung an dem ersten, besten Ort ungeschickt untergebracht zu seyn. Sie ist übrigens auch das einzige, was ich dort gesehen habe, denn niemand konnte hinein und auch für mich war keine ›Ordre‹ hinterlassen.«

❹ Das Haus »Zum Elephanten«
Markt 19

Die Südseite des Markts beherrscht heute die wuchtige, um ein Geschoß zu hohe Fassade des 1938 ausgebauten und modernisierten Hauses »Zum Elephanten«. Ursprünglich bestand das heutige Hotel, nach wie vor das erste Haus am Platze, aus drei Häusern. Im Nachbarhaus Nr. 18, das in den Umbau einbezogen wurde und das 1788 der Frau Steuerrat Ludecus gehörte, wohnte von 1792 bis 1797 in einem hinteren Gebäude Christoph Martin Wieland und danach Goethes Ministerkollege Christian Gottlob Voigt (1744–1819).

Das Haus »Zum Elephanten«, um 1930.

Der Gasthof »Zum Elephanten« erlebte über Jahrhunderte glänzende Zeiten: Hier trafen sich die Honoratioren, und hier wohnten die berühmten und weniger berühmten Gäste, die Goethe und später seine Stadt kennenlernen wollten. Franz Grillparzer zum Beispiel, der Dramatiker, der dreißig Jahre vor Hebbel, im Jahre 1826, in Weimar weilte, nannte den »damals in ganz Deutschland bekannten Gasthof« gleichsam das »Vorzimmer zu Weimars lebender Walhalla«. Wie es aber dem jungen österreichischen Dichter bei seinem Besuch in Goethes Haus erging, erzählte er selbst: »Als ich im Zimmer vorschritt, kam mir Goethe entgegen und war so liebenswürdig und warm, als er neulich steif und kalt gewesen war. Das Innerste meines Wesens begann sich zu bewegen. Als es aber zu Tische ging und der

Mann, der mir die Verkörperung der deutschen Poesie, der mir in der Entfernung und dem unermeßlichen Abstande beinahe zu einer mythischen Person geworden war, meine Hand ergriff, um mich ins Speisezimmer führen, da kam einmal wieder der Knabe in mir zum Vorschein, und ich brach in Tränen aus. Goethe gab sich alle Mühe, um meine Albernheit zu maskieren. Ich saß bei Tisch an seiner Seite, und er war so heiter und gesprächig, als man ihn, nach späterer Versicherung der Gäste, seit langem nicht gesehen hatte. Das von ihm belebte Gespräch ward allgemein. Goethe wandte sich aber auch oft einzeln zu mir. Was er aber sprach, außer einem guten Spaß zu Müllners *Mitternachtsblatt*, weiß ich nicht mehr.«

Der Gasthof »Zum Elephanten« ging schließlich durch Thomas Manns süffisante Schilderung der Begegnung zwischen Goethe und der alternden Charlotte Kestner, geborene Buff, in seinem Roman *Lotte in Weimar* in die Literatur ein. Man sollte das Werk als Reiselektüre mitnehmen, um Goethes Weimar in der Reflektion eines Schriftstellers unseres Jahrhunderts gespiegelt zu sehen.

❺ Die Wohnung von Jean Paul, früher am Markt

Wenn wir am »Elephanten« und dem benachbarten »Schwarzen Bären«, einem 1540 erbauten Gasthof, vorbei in Richtung Windischengasse gehen, so stand dort an der Ecke, wo heute das Rathaus der Stadt die Westseite des Marktes einnimmt, ein Bürgerhaus, das dem Ratsmaurermeister Kühnoldt gehörte. Dort wohnte Johann Paul Fried-

rich Richter, der sich als Romanautor Jean Paul nannte, vom 27. Oktober 1798 an für fast zwei Jahre zur Miete. Der Verfasser des *Hesperus* schrieb hier den ersten Band des *Titan*, verkehrte im Kreise der Herzoginmutter Anna Amalia, befreundete sich mit Herder und Wieland, sah sich von Charlotte von Kalb umworben und machte zwischendurch Reisen nach Ilmenau und Jena, Gotha und Hildburghausen. Die Romantiker aus Jena besuchten ihn hier in Weimar: Friedrich Schlegel, Novalis, Ludwig Tieck, der damals über Jean Paul schrieb: »Noch nie bin ich von einem Menschen so getäuscht; er ist bei weitem nicht so häßlich, wie man ihn beschreibt, auch nicht so krank aussehend, aber der närrischste Kerl von der Welt«.

Häuser am Markt. Von links: Hofapotheke, Schrickelsches Haus. Drogerie »Zum weißen Falken«. Rechts: Das Stadthaus. Um 1928.

❻ Das Rathaus
Markt 1

Das alte, 1560–1583 erbaute, mit dem Vorbau eines hohen Renaissancegiebels versehene Rathaus, das Goethe gekannt hat, brannte 1837 ab. Dort wirkten die Bürgermeister, mit denen der Geheimrat hin und wieder dienstlich zu tun hatte. Das heutige Gebäude wurde in neugotischem Stil von dem weimarischen Baurat Heinrich Heß vier Jahre später errichtet und steht am Anfang einer nachklassizistischen Bautätigkeit, die noch überall in den Außenbezirken der Stadt besichtigt werden kann. An dieser Stelle freilich erscheint der Baustil eher befremdend.

❼ Das Gebäude der
Hofapotheke
Markt 3

Die Häuserzeile an der Nordseite des Marktes wurde im Zweiten Weltkrieg zerstört und nunmehr rekonstruiert. Unter den einzelnen Gebäuden aus dem 17. und 18. Jahrhundert mit ihren hohen Dächern zeichnet sich das mittlere durch einen hübschen Erker mit einem Wappen aus. Hier wohnte der einzige Apotheker zu Goethes Zeiten. Er hieß Wilhelm Heinrich Sebastian Buchholtz (1734–1798) und war ein sehr produktiver Naturforscher, dem Goethe zum guten Teil seine ersten Erfahrungen auf dem Gebiet der Naturwissenschaften verdankte. Als Provisor des Apothekers war der spätere Chemiker Johann Friedrich August Göttling (1755–1809) tätig, den wiederum Goethe sehr förderte.

❽ Die Wohnung von
Corona Schröter
Markt 5

Neben dem Privathaus des Apothekers wurde das Schrickelsche Haus rekonstruiert, in dessen Dachgeschoß viele Jahre eine der gefeierten und verehrten Schauspielerinnen der Goethezeit wohnte: Corona Schröter (1751–1802). Goethe hat die junge Sängerin 1776 nach Weimar geholt; sie war die Seele des Liebhabertheaters in diesem ersten weimarischen Jahrzehnt Goethes. Sie spielte die Hauptrollen in der *Iphigenie* und der *Fischerin*, die in Belverdere und Tiefurt aufgeführt wurden. In der Ode *Auf Miedings Tod* hat Goethe ihr ein schönes Denkmal gesetzt. Darin heißt es:

Als eine Blume zeigt sie sich der Welt:
Zum Muster wuchs das schöne Bild empor,
Vollendet nun, sie ist's und stellt es vor.
Es gönnten ihr die Musen jede Gunst,
Und die Natur erschuf in ihr die Kunst.
So häuft sie willig jeden Reiz auf sich,
Und selbst dein Name ziert, Corona, dich.

Später hat Corona Schröter hier zurückgezogen als Gesangslehrerin gelebt.

❾ Die Wohnung von
Johann Peter Eckermann
Markt 6

In dem Haus am Ende der neu errichteten Zeile wurde 1884 Edwin Redslob geboren, ein noch heute bekannter Kunsthistoriker, in der Weimarer Republik Reichskunstwart, später als Professor Mitbegründer der Freien Universität Berlin, der in seinen Büchern die Kindheit in dem Haus der Drogerie »Zum weißen Falken« beschrieben hat. Dort hatte seit 1840 der großherzogliche Bibliothekar Johann Peter Eckermann mit Sohn und Haushälterin gelebt, der durch die Herausgabe seiner Gespräche mit Goethe zu Ruhm gekommen, aber durch den Verlust seines Herrn und durch den Tod seiner Frau ein wenig seltsam geworden war: »Wie ihn die Großmutter beschrieb, so steht Peter Eckermann greifbar vor meinen Augen, als ein kleiner, unruhiger Mann, das Gesicht scharf, das eher einem Vogel glich. Und er ging auch gebückt wie eine Krähe in einem abstehenden Schultermäntelchen, das von einer silbernen Schnalle gehalten wurde...

Die Schauspielerin Corona Schröter. Aquarell von Georg Melchior Kraus, um 1780.

Stadthaus und Cranachhaus, davor der Neptunbrunnen.

Man wunderte sich nicht weiter über den seltsamen Einzug. Es kamen wenig Möbel, aber es kam eine Menagerie von Eulen, Hühnern, Kampfhähnen und anderem Getier, und dazu erschien eine Fülle von Pflanzen. Die Vögel wurden im Fensterbrett gefüttert, und wenn sie sich nun um die Brocken rauften, mußte Eckermanns Sohn Karl, der Maler werden sollte, seine Studien machen. Als meine Großmutter einen Einwand wagte, weil die Leute auf dem Marktplatz zusammenliefen wie zu einem Theater, und weil sie um ihre schönen Fensternischen besorgt war, baute Eckermann die Autorität Goethes vor ihr auf, der doch gesagt habe, man müsse Tiere in den für sie charakteristischen Stellungen malen.«

**⑩ Das Stadthaus
Markt 10**

Auch das stattliche Gebäude an der Ostseite des Marktes ist eine Rekonstruktion: Das ursprüngliche Renaissancehaus aus der ersten Hälfte des 16. Jahrhunderts war ebenfalls 1945 von Bomben zerstört worden und wurde 1970/71 neu aufgebaut. Das im Laufe der Jahrhunderte immer wieder veränderte Gebäude mit dem eindrucksvollen Staffelgiebel diente im 18. Jahrhundert als Tuchhaus. Es wurde 1800 bis 1802 zu einem Stadthaus hergerichtet, wo zu Goethes Zeiten Hofbälle, Redouten und Aufführungen stattfanden. Die Maskenzüge, die Goethe zu Ehren des Geburtstags der Herzogin Louise dichtete, wurden hier von der Hofgesellschaft und den vielen Gästen bewundert. Heute befindet sich im Kellergewölbe der Ratskeller.

⓫ Das Cranachhaus
Markt 11–12

Das Doppelhaus aus dem 16. Jahrhundert, das der Kanzler Dr. Christian Brück 1547–1549 von dem weimarischen Landbaumeister Nicolaus Gromann am Markt errichten ließ, erhielt seinen Namen nach Lukas Cranach d. Ä. (1472–1553). Dieser hatte als alter Mann im Dienste des Kurfürsten Johann Friedrich von Sachsen mit diesem die Gefangenschaft nach der verlorenen Schlacht bei Mühlberg 1547 geteilt und wurde nach seiner Heimkehr 1552 hier im Hause seines Schwiegersohnes, des Kanzlers Brück, aufgenommen. In diesem Haus ist der große Maler bereits ein Jahr später gestorben. Das eindrucksvolle Altargemälde in der Stadtkirche, das sein Sohn Lukas Cranach d. J. vollendete, und die reichen Bildersammlungen im Schloß erinnern an die beiden Maler.

Das Haus ist oft umgestaltet worden und wurde zuletzt 1972 restauriert. Zu Goethes Zeiten befand sich im Erdgeschoß die Hoffmannsche Buchhandlung, die einzige, die damals in Weimar existierte und die noch heute an der Schillerstraße fortbesteht. Johann Wilhelm Hoffmann (1777–1859) hatte nicht nur Goethe als Kunden, sondern er war auch der Verleger des weimarischen Wochenblatts, das Goethe regelmäßig las.

⓬ Die Wohnung von
Karl Ludwig von Knebel
Markt 13

In dem Eckhaus neben dem Cranachschen Haus bezog Karl Ludwig von Knebel (1744–1834) 1789 für ein paar

Karl Ludwig von Knebel. Zeichnung von Wilhelmine v. Knebel, um 1780.

Jahre einige Zimmer. »Knebel hat ein gut Quartier gemietet an der Ecke des Marktes, wo ehmals die Batsch wohnte«, berichtete Goethe dem Herzog am 6. April 1789. »Er ist Ihnen so näher und auf den Sommer fixiert. Ich liege ihm sehr an, daß er zu übersetzen fortfahre und die Erotica den schönen Herzen nahelege.«

Knebel privatisierte seit 1781; er hatte vorher in Ilmenau gewohnt, später siedelte er nach Jena über. Als Erzieher des Prinzen Konstantin, Carl Augusts jüngerem Bruder, hatte er im Dezember 1774 auf der Durchreise in Frankfurt die Verbindung des künftigen Herzogs mit Goethe hergestellt. Daraus entwickelte sich eine lebenslange Freundschaft, von der der umfangreiche Briefwechsel Goethes mit seinem »Urfreund« Zeugnis ablegt.

⓭ Der Neptunbrunnen auf dem Markt

Weimar ist eine Stadt einfacher, aber gut erhaltener Brunnen. Der Brunnen auf dem Markt, der aus dem 16. Jahrhundert stammt, war ursprünglich mit einem steinernen Löwen, dem Wappentier der Stadt, verziert gewesen. Der Hofbildhauer Gottlieb Martin Klauer (1742–1801), der auch an der Zeichenschule unterrichtete, schuf 1774 die Neptunsfigur, die noch heute dem Brunnen den Namen gibt. Das Original dieser Steinfigur befindet sich im Schloß Belvedere; eine Nachbildung aber zeigt den Meeresgott an der alten Stelle. Klauer hat eine große Galerie von Büsten aus der Goethezeit geschaffen, die sich durch ihre klassische Schönheit auszeichnet. Man begegnet seinen Werken immer wieder in den Weimarer Museen.

Nachdem wir uns den Markt und seine in die Goethezeit verflochtene Geschichte vergegenwärtigt haben, beginnen wir unseren Spaziergang durch das alte Weimar mit dem Gang durch eine der ältesten Gassen der Stadt: die Windischengasse, an der noch viele Häuser aus dem 18. Jahrhundert stehen. Auch hier wandelt man auf klassischen Spuren, denn die großen Persönlichkeiten der Zeit wohnten zur Miete in Häusern, die meist Handwerkern und Kaufleuten gehörten.

⓮ Das Haus Windischengasse 8

In dem schlichten, dreigeschossigen Haus mit einer ausgebauten Mansarde mietete 1787 Charlotte von Kalb (1761–1843) die zweite Etage, um dem von ihr schwärmerisch verehrten Schiller näher zu sein. Sie wohnte, unglücklich mit dem Major von Kalb verheiratet, auf ihrem Gut Waltershausen und bezog Ende Dezember 1794 erneut die Weimarer Wohnung. Der junge Friedrich Hölderlin, bis dahin Hofmeister im Haus der Familie von Kalb, traf dort im Januar 1795 Goethe: »Göthen hab' ich gesprochen, Bruder! Es ist der schönste Genuß unseres Lebens, so viel Menschlichkeit zu finden bei so viel Größe. Er unterhielt mich so sanft und freundlich, daß mir recht eigentlich das Herz lachte«, schrieb er seinem Freunde Hegel.

Fünf Jahre später, am 3. Dezember 1799, bezog Schiller mit seiner Familie, von Jena kommend, als Nachfolgemieter der Charlotte von Kalb die Wohnung in der Windischengasse. Daran erinnert eine Gedenktafel. Schiller schrieb in

Die Windischengasse.
Zeichnung von Ludwig Bartning, um 1910.

Charlotte von Kalb. Ölbild von Friedrich August Tischbein, um 1787.

der engen Wohnung seine *Maria Stuart* und *Die Jungfrau von Orleans*. Berühmte Gedichte entstanden an diesem Ort, an dem auch Goethe hin und wieder verkehrte.

Schiller wohnte bis zum 29. April 1802 in dieser Wohnung. Danach stand ihm das geräumigere Haus an der Esplanade zur Verfügung, in dem er die letzten Lebensjahre verbrachte.

In der Beletage des Hauses wohnte ein Bruder der Charlotte von Stein, Carl von Schardt (1744–1833), dessen Frau, Sophie von Schardt, geborene von Bernstorff (1755–1819), ein Irrlicht am Himmel der Klassik war: eine in Sehnsüchten sich verzehrende Dame der weimarischen Hofgesellschaft.

Im 19. Jahrhundert lebte in diesem Hause der Journalist und Schriftsteller Heinrich Jäde (1815–1873), der durch seine Mitwirkung an der Revolution 1848 als Redakteur des *Demokraten* und des *Weimarer Volksblatts* bekannt geworden ist.

⑮ **Haus Windischengasse 12**

Die Tafel erinnert daran, daß hier der Kanzler Friedrich Adam von Müller (1779–1849) lange Jahre gewohnt hat. Als junger Regierungsrat hatte er 1806 das Kunststück fertig gebracht, durch Verhandlungen mit Napoleon und seinem Stab die Kassierung des Herzogtums Sachsen-Weimar durch die Franzosen zu verhindern. Seither war Müller, der für dieses Verdienst geadelt wurde, ein hochangesehener Beamter in Weimar. Er gewann bald das Vertrauen Goethes und wurde ein geschätzter Freund und Berater des Dichters. Seine *Unterhaltungen mit Goethe* beleuch-

Friedrich von Müller. Kreidezeichnung von Johann Joseph Schmeller, 1824.

ten den freundschaftlichen und offenen Umgang des erfahrenen und an Kunst, Literatur und Wissenschaft interessierten Beamten mit dem Dichter.

Nach Goethes Tod blieb Müller die graue Eminenz in Weimar: Er wurde der getreue und korrekte Nachlaßverwalter des Goetheschen Erbes. In seinem Hause wurden die Schriftsteller aufgenommen, die auf Goethes Spuren durch Weimar wanderten, Karl von Holtei, Karl Immermann, Hans Christian Andersen und viele andere. »Über den alten Müller haben wir uns in Düsseldorf weidlich aufgehalten und doch mit Unrecht«, schrieb Immermann, »seine Dienstfertigkeit entspringt aus aufrichtig-wohlwollender Gesinnung. Er kennt Jeden, steht mit Jedem sich leidlich, mit ihm ist man bald eingeschifft, und treibt auf der hohen Flut der Geselligkeit. Aber so ein Herumrennen, Herumzeigen, Herumvorstellen ist mir in praxi noch nicht vorgekommen. Wo die Regierungsgeschäfte unterdessen bleiben, wenn solche große Paraden, wie ich eine diese zwei Tage hier erlebt habe, öfters vorfallen, weiß ich in der Tat nicht.«

⓰ Das Haus Windischengasse 13
Mit der Tafel wird auf eine weimarische Lokalgeschichte verwiesen, denn in diesem Hause wohnten die Töchter des Bergrats Kirsten, deren Streiche die in Weimar geborene Schriftstellerin Helene Böhlau (1859–1940) in ihren *Ratsmädelgeschichten* verewigt hat.

⓱ Das Haus Windischengasse 15
Das dem Müllerschen Haus gegenüberliegende Eckhaus zur Neugasse hin bewohnten zu Goethes Zeiten Caroline und Julie von Egloffstein. Sie waren von Kindesbeinen an mit der Familie des geadelten Kanzlers, der auf der andern Straßenseite wohnte, vertraut. Julie war eine beliebte Malerin und Hofdame der alten Großherzogin Louise. Ihre Schwester stand bei deren Schwiegertochter Maria Pawlowna in Diensten. Die Familiengeschichte der Egloffsteins ist noch heute lesenswert.

⓲ Die Wohnung von
Georg Neumark, früher
Windischengasse 17
Daß Georg Neumark (1621–1681) ein bekannter Dichter war, wissen wohl nur noch die Barockspezialisten. Er war der Sekretär und früheste Historiograph der »Fruchtbringenden Gesellschaft«, deren Oberhaupt von 1650 bis 1662 Herzog Wilhelm von Weimar war. Sein Buch über diese erste deutsche Sprachakademie *Der neu-sprossende deutsche Palmbaum*, erschien 1668 unter Neumarks Gesellschaftsnamen »Der Sprossende« und wurde in Weimar gedruckt. Sein Wohnhaus, früher Windischengasse 17, steht nicht mehr. In dem Gebäude, der Alten Münze, wohnte später ein berühmter Emigrant, Jean Josephe Mounier, der Präsident der französischen Nationalversammlung gewesen war. In Belvedere werden wir seinem Namen wiederbegegnen.
Wir setzen unseren Spaziergang durch die Windischengasse fort und bleiben an der Ecke vor einer Barockfassade stehen.

⑲ Das Haus Windischengasse 33

Das hohe, elegante sogenannte Brancosche Haus gehörte im 18. Jahrhundert einem wohlhabenden Seifensieder, dessen Namen wir unter dem Giebel entziffern können: Er hieß Joachim Kirms und war mit der stadtbekannten Kirms-Familie verwandt. Über berühmte Bewohner hinter der schönen Fassade ist nichts bekannt.

Wir kommen nun zu dem Stück der Straße, das wir schon auf dem ersten Spaziergang berührten: Links führt der Weg zum Wittumspalais, wir gehen weiter, an einem Brunnen rechts bleiben wir stehen.

Der Donndorfbrunnen.

⑳ Der Donndorfbrunnen

Der Brunnen, eine wasserholende Mutter mit einem Kind auf dem Arm und einem andern an der Hand, 1895 enthüllt, ist nach dem Schöpfer und Stifter des imposanten Denkmals benannt. Der Bildhauer Adolf Donndorf (1835–1916) hatte in der Nähe als Sohn einer Tischlermeisterfamilie seine Jugend verbracht und kam als Schüler Ernst Rietschels im wilhelminischen Deutschland zu hohem Ansehen. Das Denkmal Carl Augusts auf dem Platz der Demokratie ist ebenfalls sein Werk. Für den Union Square in New York hatte er dieses Monument der Mutterliebe geschaffen. Die zweite Ausführung vermachte der Künstler, der in Stuttgart wirkte, aus alter Anhänglichkeit seiner Vaterstadt.

Wir kommen zu einem andern kleinen Platz, der von drei alten Häusern begrenzt ist und an dem drei Straßen zusammenlaufen. Auf der rechten Seite steht ein alter, 1596 erwähnter, später erneuerter Brunnen, der mit M. P. bezeichnet ist; er erinnert an die Großherzogin Maria Pawlowna, die auch hier ihre Spuren hinterlassen hat.

㉑ Das Geleithaus
Geleitstraße 8

In dem altertümlichen Haus befand sich über Jahrhunderte das Amt, das für die Sicherheit auf den herzoglichen Straßen durch Bereitstellung bewaffneter Begleiter für die Reisenden sorgte. Sie gaben den gefährdeten Fahrzeugen Geleitschutz. Später wurden hier die Geleitzettel ausgestellt, Quittungen für ein Wegegeld, das jedermann, der über die Straßen des Herzogtums mit seinem Wagen reiste, zur Unterhaltung der schlechten Straßen zu zahlen hatte.

Im literarischen Weimar ist das Geleithaus auch wegen der Mieter erwähnenswert: Dort lebte Philipp Seidel (1755–1820), der als Diener Goethes aus Frankfurt nach Weimar mitgekommen war, später als Rentamtmann in herzogliche Dienste trat und lange Jahre zugleich Goethes finanzielle Haushaltsführung in Ordung hielt. – Auch der Präsident des Landschaftskollegiums, Philipp Christian Weyland (1765–1843), dem Carl August die Verhandlungen auf dem Rastatter Kongreß 1799 anvertraut hatte, wohnte einige Zeit unter diesem Dach.

Wir gehen nun durch die Scherfgasse an der prächtigen Fachwerkfassade der Geleitschenke vorbei, in der der barocke Kirchenlieddichter Salomo Franck (1659–1725) gewohnt hat, dessen Texte Johann Sebastian Bach vertonte, und kommen schließlich, uns links haltend, an einigen zum Teil verfallenden Häusern vorüber.

㉒ Das Haus der Familie von Schardt
Scherfgasse 3

Das einst herrschaftliche Stadthaus gehörte im 18. Jahrhundert der Familie von Schardt. Der Hofmarschall von Schardt war der Vater von Goethes Freundin Charlotte von Stein. Sie wuchs in diesem Haus und in dem großen schönen Garten auf, der bis zur Stadtmauer reichte. Der alte, inzwischen restaurierte Teepavillon war ein beliebter Aufenthaltsort. Charlottes Bruder Carl von Schardt wohnte später, wie erwähnt, in der Windischengasse.

㉓ Die bisherige Druckerei
Kleine Teichgasse 6

Am Ende der Scherfgasse, in dem Gebäude, auf das der Spaziergänger zu-

Hofmarschall von Schardt mit Frau und Sohn beim Schachspiel.

64

geht, befindet sich das Stammhaus des berühmten Hermann Böhlau Verlages. 1853 kaufte der Verlagsbuchhändler Hermann Böhlau, übrigens der Vater von Helene Böhlau, die im Jahre 1624 gegründete Hofbuchdruckerei und baute das Geschäft zu einem angesehenen Unternehmen aus. Hier erschien die Gesamtausgabe der Werke Luthers, die als *Weimarer Ausgabe* bezeichnet wird. Auch die historisch-kritische Ausgabe der Werke, Tagebücher und Briefe Goethes in 143 Bänden, die hier von 1887 bis 1919 erschienen, heißt im allgemeinen *Weimarer Ausgabe* oder auch nach der Begründerin, der Großherzogin von Sachsen-Weimar, die *Sophien-Ausgabe.*

㉔ Das frühere Landschaftskassengebäude Kleine Teichgasse 8

Das heute verfallene, düstere Gebäude wurde, als Goethe nach Weimar kam, im Obergeschoß von der Familie von Stein bewohnt. Man hat sich eine dreiflügelige Anlage vorzustellen mit einem kleinen Garten, der an den Garten der Schardts grenzte; der Südflügel ist heute nicht mehr erhalten. Hier lebte damals der herzogliche Stallmeister Gottlob Ernst Josias von Stein (1735–1793), der Besitzer des Schlosses und Gutes Großkochberg. Er hatte 1764 Charlotte von Schardt geheiratet, die seit 1757 Hofdame der Herzogin Anna Amalia war. Das Paar lebte hier bis 1776, ehe das bekannte Haus an der Ackerwand bezogen wurde. Goethe lernte die von ihm so sehr verehrte, sieben Jahre ältere Charlotte von Stein bald nach seiner

Stallmeister Josias von Stein.

Ankunft 1775 kennen. Hier war der 26jährige Freund des Herzogs Carl August in den ersten Jahren oft zu Gast, um seiner geliebten Freundin Gesellschaft zu leisten.

Der alte Goethe hat Johann Peter Eckermann die Sehnsüchte anvertraut, die den Liebenden immer wieder in das stille Haus zogen: »Ich konnte es nicht länger aushalten, und ich war auf dem Wege zu ihr und stand vor ihrem Hause, ehe ich es dachte. Ich ging leise die Treppe hinauf und war im Begriff, in ihr Zimmer zu treten, als ich an verschiedenen Stimmen hörte, daß sie nicht alleine war. Ich ging unbemerkt wieder hinab und war schnell wieder in den dunklen Straßen, die damals noch keine Beleuchtung hatten...« Wie die Erzählung weitergeht, wie Goethe seiner Freundin dann doch noch begegnete und wie unbeschreiblich sein Glück gewesen sei, sollte man in *Eckermanns Gesprächen mit Goethe in den letzten Jahren seines Lebens* selbst nachlesen.

Charlotte von Stein.

Nachdem wir an Charlotte von Steins Haus und an dem alten Kasseturm, einem Rest der Stadtbefestigung, der heutigen Studentenkneipe, vorbei durch einen Säulengang zum Goetheplatz gekommen sind, öffnet sich das Blickfeld: Die engen Gassen haben wir hinter uns gelassen, und vor uns liegt der großzügig von Carl August zu Beginn des neuen Jahrhunderts unter Goethes Mitwirkung angelegte Platz, der zuerst nach dem Herzog benannte, heute verkehrsreiche Goetheplatz. Die Häuser des Erholungsgebäudes und das frühere Lesemuseum zur Linken, den Russischen Hof und das Nachbarhaus gegenüber haben wir schon auf dem ersten Spaziergang gesehen. So überqueren wir den Platz, auf dem früher das 1907 errichtete Reiterdenkmal des Großherzogs Carl Alexander von Sachsen-Weimar

(1818–1901) stand und kommen hinter der Ampel in die sehr belebte Karl-Liebknecht-Straße, die frühere Bürgerschulstraße, an der einige Gebäude unsere Aufmerksamkeit auf sich ziehen.

**㉕ Das Schulgebäude,
die frühere Bürgerschule und
spätere Carl-August-Schule
Karl-Liebknecht-Straße 1**

Das schloßähnliche, dreiflügelige und zweigeschossige Eckgebäude wurde auf Anordnung Carl Augusts zu dessen fünfzigjährigem Dienstjubiläum am 4. September 1825 eingeweiht. Clemens Wenzeslaus Coudray hatte es entworfen. Damit wurde endlich der Schulnot in Weimar ein Ende gesetzt. Im Oktober 1825 erhielten hier 600 Schüler ihre Klassenräume: In dem län-

Der lesende Goethe.

geren Flügel zur Schwanseestraße wurden die Jungen, in dem westlichen Teil die Mädchen unterrichtet. Sie hatten ihre getrennten Eingänge, im Mittelbau war ein großer hoher Festsaal.

Goethe besuchte die Bürgerschule am Vormittag des 13. Juli 1826 unter Leitung des Oberbaudirektor Coudray gemeinsam mit seinem Berliner Freund Karl Friedrich Zelter. Beeindruckt schrieb er dem Großherzog: »Das Gebäude bewirkt schon selbst Kultur, wenn man es von außen ansieht und hineintritt. Die rohsten Kinder, die solche Treppen auf- und abgehen, durch solche Vorräume durchlaufen, in solchen heiteren Sälen Unterricht empfangen, sind schon auf der Stelle aller düstern Dummheit entrückt, und sie können einer heitern Tätigkeit ungehindert entgegengehen. Die Lehrart selbst war mir zu fremd und neu, als daß ich mir davon einen deutlichen Begriff hätte machen können, indessen mußte man gut davon denken, da die Kinder mit Schnelligkeit und Heiterkeit Fragen beantworteten und Aufgaben lösten.« Vor dem Gebäude steht ein gußeiserner Brunnen mit der vergoldeten Figur eines lesenden Knaben; es ist eine Kopie nach einer Statuette des Berliner Bildhauers Christian Daniel Rauch. Sie wurde 1858 an diesem Platz aufgestellt.

❷❻ Die Bertuchschen Häuser Karl-Liebknecht-Straße 5

Zu den eindrucksvollsten bürgerlichen Gebäuden des klassizistischen Weimars gehören zweifellos die Häuser, die der Schatullenverwalter, Schriftsteller, Übersetzer, Verleger und Unternehmer

Die Bürgerschule um 1830. Titelseite eines Schulhefts.

Friedrich Justin Bertuch (1747–1822) für seine Familie und sein Landes-Industrie-Comptoir baute. Bertuch, zunächst in herzoglichen Diensten, errichtete seit 1791 nach und nach ein frühkapitalistisches Unternehmen mit Buchdruckerei, Lithographie-Anstalt, geographischem Institut, mit Manufaktur und Handel, das Weimar Ruhm und Geld einbrachte. »Das Landes-Industrie-Comptoir«, heißt es in einem Weimar-Führer von 1825, »beschäftigt, mit Ausnahme der Gelehrten in- und außerhalb der Stadt, gegen 280 Künstler, Kupferstecher, Kupferdrucker, Lithographierer, Illuminierer, Setzer und Drucker, hat sechs Pressen, eine eigene Kupferdruckerei und eine Lithographie-Anstalt; 1825 unterhielt es zehn Zeitschriften im Gange, und lieferte, ohne Karten und Zeichnungen, einige 60 neue Produkte und Fortsetzungen

Die Bertuchschen Häuser.

Eingangshalle des Bertuchschen Hauses.

auf die beiden literarischen Märkte zu Leipzig.«

Bertuch erwarb 1777 den Baumgarten der Stadt in Erbpacht, errichtete 1780–1782 das später umgebaute, dreigeschossige Mittelgebäude, das schon Schiller 1787 begeisterte: »Bertuchen habe ich kürzlich besucht. Er wohnt vor dem Tore und hat ohnstreitig in ganz Weimar das schönste Haus. Es ist mit Geschmack gebaut und recht vortrefflich möbliert.«

Zu Beginn des neuen Jahrhunderts wurde das Haus um zwei Seitengebäude und ein heute nicht mehr vorhandenes Manufakturgebäude zur Gartenseite erweitert: So entstand eine neunzig Meter lange Straßenfront. Die mittlere Eingangshalle mit ihren Säulen, Nischen und Nachbildungen antiker Skulpturen ist ein vorzügliches Beispiel klassizistischer Architektur in Weimar. Nach Bertuchs Tod – sein hoffnungsvoller Sohn Carl war sieben Jahre vor

ihm gestorben – führte sein Schwiegersohn, der Medizinprofessor Ludwig Friedrich Froriep (1779–1847) die Firma bis zu seinem Tode fort, dann ging sie in andere Hände über und löste sich nach und nach auf.

Heute ist in dem teilweise restaurierten Gebäude das im Schatten der Goethestätten stehende Stadtmuseum untergebracht, das zu besuchen man nicht versäumen sollte.

㉗ Das Walbaumsche Haus Karl-Liebknecht-Straße 4

Den Bertuchschen Häusern gegenüber baute 1833 der Schriftgießer Ernst Erich Walbaum, Sohn des berühmten Typographen Erich Walbaum (1768–1837) sein Privathaus, das noch heute durch einen gußeisernen Balkon zur Straßenseite hin auffällt: Die Verzierung zeigt zwei geflügelte Greifen, Sinnbild der Buchdrucker.

Später wohnte in diesem Haus ein Schriftsteller des literarischen Vormärz, Karl Gutzkow (1811–1878). Er war von 1861 bis 1864 Sekretär der Deutschen Schillerstiftung, die zur Unterstützung notleidender Schriftsteller eingerichtet worden war.

Nachdem wir die Bauten an der durch den Verkehr sehr beeinträchtigten Straße betrachtet haben, gelangen wir durch einen Gang zwischen Schule und Stadtmuseum in den Froriepschen Garten, den früheren Baumgarten, der direkt hinter Bertuchs Häusern lag, heute aber durch die Weimarhalle seine symmetrische Geschlossenheit eingebüßt hat. Wir schließen einen Rundgang durch den parkartigen Garten an, wo wir eine Pause einlegen.

㉘ Der Schwanseeteich

Der Schwanseeteich wurde den Weimaranern seit dem Winter 1775 vertraut: Goethe war, wie ein anderer großer Dichter der Zeit, Friedrich Gottlieb Klopstock, ein begeisterter Schlittschuhläufer und führte das Eislaufen in Weimar ein, was zunächst allgemeine Empörung, dann aber begeisterte Nachahmung weckte. Man erkor den Schwanseeteich in Bertuchs Garten zur Eisfläche, und bald sah man die herzogliche Familie, den Hofstaat und immer mehr Bürger auf dem Eis. Erbost berichtete die Gräfin Görtz 1778 ihrem Mann: »Die verrückte Frau von Stein verbringt den ganzen Tag auf dem Eis, von morgens neun bis ein Uhr, nachmit-

Eislauf auf dem Schwansee im Winter. Ölbild von Friedrich Preller d. Ä., 1823.
Dieses Bild war Anlaß dafür, daß Carl August den jungen Künstler ausbilden ließ.

tags von drei bis sechs oder sieben: das nenne man ›Geist haben‹! Bald wird sie sich nur noch auf Schlittschuhen sehen lassen, eine so lächerliche Figur sie dabei macht.«

㉙ Das Bertuchsche Grab
Am hinteren Ende des Parks, nicht weit von der Mauer entfernt, steht eine Urne auf einem Sockel: Es ist das Grab Friedrich Justin Bertuchs. Dort wurde der erfolgreichste »Kaufmann der Goethezeit« am 6. April 1822 beigesetzt.

㉚ Der Muschelbrunnen
Zu Goethes Zeiten befand sich der Brunnen vor dem Haus der Frau von Stein an der Ackerwand. Heute steht er am Ende des Bertuchschen Gartens. Eine stilisierte Muschel schmückt seine Rückwand, das Wasser fließt aus einem Löwenkopf, der von den sich verschlingenden Schwänzen zweier Delphine eingerahmt wird.

㉛ Die Weimarhalle
Wenn man den freien Platz hinter den Bertuchschen Häusern betritt, steht man vor der Weimarhalle, die 1930/31 für die Goethefeiern 1932 als Stadthalle mit Restaurant erbaut wurde. Das von Max und Günther Vogeler entworfene Gebäude ist in seiner schlichten, kantigen und schmucklosen Form ein Beispiel für die Bauweise der Neuen Sachlichkeit in den letzten Jahren der Weimarer Republik. Das Goethejahr 1932 bedeutete zwar eine weltweite Huldigung Goethes, wurde jedoch von völki-

Das Grab von Friedrich Justin Bertuch in seinem Garten.

schen und politisch extremen Ausbrüchen in Deutschland verdüstert.
Durch die Torbogen der früheren Bürgerschule – wir können so das klassizistische Gebäude in seiner wuchtigen Größe von der Rückseite nochmals betrachten – kommen wir in die Schwanseestraße, in der uns ein nahegelegenes Haus interessiert.

㉜ Das Wohnhaus von Adam Henß Schwanseestraße 6
Adam Henß (1780–1856) war eine Lokalgröße, ein Buchbindermeister, der viele Aufträge vom nahen Landes-Industrie-Comptoir erhielt und sich als Handwerksmeister in die Politik einmischte – ein Beispiel für bürgerliches Engagement im Zeitalter des Liberalismus. Henß wurde 1832 Deputierter des Stadtrats und 1840 Landtagsabge-

ordneter. Neben kommunalpolitischen Schriften veröffentlichte er in einer noch vom Adel geprägten Gesellschaft 1845 seine noch immer lesenswerte Autobiographie: *Wanderungen und Lebensansichten des Buchbinder-Meisters Adam Henß. Wir verlassen nun das Bertuchviertel, überqueren die Kreuzung an der früheren Bürgerschule und gehen einige Schritte in Richtung des Grabens.*

㉝ Das Kunstkabinett am Goetheplatz, das frühere Museum für Kunst und Kunstgewerbe Goetheplatz 9 b

Hinter einem späteren Zwischenbau befindet sich das frühere Großherzogliche Museum für Kunst und Kunstgewerbe, das über zwanzig Jahre bestand und das Harry Graf Kessler von 1903 bis 1906 als Direktor leitete. Damals erregten seine Ausstellungen der Werke von Claude Monet, Paul Gauguin, Edvard Munch und Auguste Rodin in der deutschen Kunstwelt großes Aufsehen. Doch die reaktionären Hofkreise Weimars lehnten die moderne Kunst ab; dies führte zum Sturz eines Kunstkenners und Mäzens, der aus Weimar wieder eine Kunststadt hatte machen wollen.

Das im Stil eines italienischen Palazzo gehaltene Gebäude beherbergt heute ein dem Stadtmuseum angegliedertes Kunstkabinett für moderne Kunstausstellungen.

Wir biegen nach links ein und kommen durch eine schmale Straße zum Rollplatz, an dem die Jakobskirche liegt.

㉞ Gedenktafel für Julius Grosse am Haus Rollplatz 9

Die Inschrift der Gedenktafel über dem großen, breiten Bürgerhaus linker Hand ist kaum noch zu entziffern. Sie

Die Weimarhalle, im Goethejahr 1932.

erinnert an einen längst vergessenen Schriftsteller des 19. Jahrhunderts: Julius Grosse (1828–1902), Verfasser vieler Dramen, Erzählungen und Gedichtbände. Er war von 1870 bis zu seinem Tode Generalsekretär der schon erwähnten Deutschen Schillerstiftung, die ihren Sitz damals im Schillerhaus hatte.

㉟ Der frühere Kindergarten Rollplatz 10

Im 19. Jahrhundert gründete Fräulein Minna Schellhorn, Schülerin von Friedrich Fröbel, in dem querstehenden Haus am Rollplatz – noch heute ein öffentliches Gebäude – in Weimar einen der frühesten Kindergärten in Deutschland. Sie schloß später als Institutsvorsteherin eine Bildungsanstalt für Kindergärtnerinnen an.

Am 17. April 1861 besichtigte der russische Schriftsteller Alexander Graf Tolstoi diese soziale Einrichtung in Weimar. Tolstoi war bei dem russischen Gesandten Apollonius von Maltitz, dessen Frau sich sehr für die Förderung des Kindergartens einsetzte, zu Gast. Fräulein Schellhorn führte, wie berichtet wird, einige Bewegungsspiele vor, sprach über Beschäftigungs- und Spielweisen im Kindergarten, vor allem aber erzählte sie von ihrem Lehrer Friedrich Fröbel und seiner Anstalt in Marienthal.

㊱ Die Jakobskirche

Die schlichte Kirche, Zentrum der Jakobsgemeinde, wurde in der heutigen Form 1713 gebaut. Anstelle der älteren, aus dem Jahre 1168 stammenden Kirche, die wegen Baufälligkeit abgetragen werden mußte, wurde sie 1728 Garnisonkirche und nach der Zerstörung der Schloßkapelle 1774 außerdem weimarische Hofkirche. In diese Zeit fällt ein denkwürdiges Ereignis: In der Sakristei der Jakobskirche ließ sich Goethe am 19. Oktober 1806 von dem Hof- und Garnisonprediger Christian Wilhelm Günther mit Christiane Vulpius trauen, die den Geheimrat während der Kriegstage nach der Schlacht bei Jena und Auerstedt am 14. Oktober 1806 resolut vor dem Zugriff der französischen Soldaten gerettet hatte. »Um diese traurigen Tage durch eine Festlichkeit zu erheitern, habe ich und meine kleine Hausfreundin gestern, als am 20. Sonntag nach Trinitatis den Entschluß gefaßt, in den Stand der heiligen Ehe ganz förmlich einzutreten«, schrieb Goethe an Nikolaus Meyer nach Bremen.

㊲ Der Jakobsfriedhof

Die Jakobskirche ist bedeutend vor allem wegen des sie umgebenden alten Friedhofs und der Grabsteine und Denkmäler, die an berühmte Männer und Frauen erinnern, die hier ihre letzte Ruhe fanden. Einige Steine sind an der Außenmauer der Kirche aufgestellt, andere stehen noch verwittert auf dem Friedhof. Wenn wir uns an diesem schönen, stillen Platz die Namen der Toten vergegenwärtigen, so erzählen sie von Weimars großer Vergangenheit. Imposant ist die Kopie des Grabmals Lukas Cranach d. Ä., (1472–1553), des Hofmalers der sächsischen Kurfürsten, das den Künstler überlebensgroß darstellt.

Die Jakobskirche.

Eine Tafel erinnert an einen bedeutenden Musiker, der zu Johann Sebastian Bachs Zeiten in Weimar wirkte: Johann Gottfried Walther (1684–1748).

Eine sich nach oben verjüngende Säule mit der Inschrift »Der Bürger Treue« ist das Grabmal Johann Franz August Zimmermanns, eines unbekannten Zimmergesellen, der beim Brand des Schlosses 1774 während der Rettungsarbeiten ums Leben kam.

Auch das Monument für den preußischen Generalleutnant Friedrich Wilhelm Carl Graf von Schmettau (1742–1806), der 1806 in der Schlacht bei Jena und Auerstedt tödlich verwundet wurde, gilt einem Fremden, der aber als Geograph in Weimar wohlbekannt war. Goethe selbst hatte zusammen mit Johann Heinrich Meyer einen Denkmalsentwurf gefertigt, den die Familie aber verwarf.

Eindrucksvoll ist das schlichte Epitaph für den Schriftsteller Johann Karl August Musäus (1735–1787), den unvergessenen Dichter der *Volksmärchen der Deutschen*.

Auf dem Obelisken für Johann Joachim Christoph Bode (1730–1793), Lessings und Bertuchs Freund, liest man die Inschrift: »Hier ruht J. J. C. Bode, rastlos und muthig beförderte er Wahrheit, Aufklärung und Menschenwohl. Freunde setzten ihm dieses Denkmal dem Leser zur Erinnerung. Für sie bedurfte es keines. 1793.«

Das Grabmal für Georg Melchior Kraus (1733–1806) ist dem Maler und ersten Direktor der Zeichenschule gewidmet: »Freundschaft bezeichnete sein Grab mit diesem Steine.«

Auch an den von Carl August und Goethe geförderten Maler Ferdinand Jagemann (1780–1820) erinnert eine einfache Gedenktafel: »Er starb im noch nicht erreichten vierzigsten Jahre viel zu früh für Kunst, Familie und Freunde.«

Der frühe Tod der neunzehnjährigen Schauspielerin Christiane Becker, geborene Neumann (1778–1797) erschütterte Goethe: »Sie war mir in mehr als einem Sinne lieb ... Es kann größere Talente geben, aber für mich kein anmutigeres.« Ein steinerner Sarkophag bezeichnet ihre letzte Ruhestätte. Goethe widmete der Toten seine berühmte Elegie *Euphrosyne*.

Auch den Tod eines mit dem Theater verbundenen Handwerkers besang Goethe: Seine Ode *Auf Miedings Tod* war die Veranlassung, daß man Johann Martin Mieding (1725–1782), dem Theatertischler der Weimarer Liebhaberbühne, noch in unserer Zeit einen Stein auf dem Jakobsfriedhof setzte mit den Versen:

Dir gab ein Gott in holder steter Kraft
Zu deiner Kunst die ew'ge Leiden-
  schaft.
Ein jeder, dem Natur ein Gleiches gab,
Besuche pilgernd dein bescheiden
  Grab!
Fest steh' dein Sarg in wohlgegönnter
  Ruh'
Mit lockrer Erde deckt ihn leise zu
Und sanfter als des Lebens liege dann
Auf dir des Grabes Bürde, guter Mann!

Und schließlich finden wir das Grab Christiane Goethes (1765–1816), das lange als verschollen galt und erst 1888 bestimmt wurde. Merkwürdigerweise hatte Goethe sich zu seinen Lebzeiten nicht darum gekümmert. So stiftete die Goethe-Gesellschaft die Grabplatte und ließ die bewegenden Verse einmeißeln, die der Dichter nach dem Tode seiner Frau niedergeschrieben hatte:

Du versuchst, o Sonne, vergebens
Durch die düsteren Wolken zu
                              scheinen!
Der ganze Gewinn meines Lebens
Ist, ihren Verlust zu beweinen.

❸❽ Das Kassengewölbe auf dem Jakobsfriedhof

An der Friedhofsmauer steht ein Pavillon, der an das sogenannte Kassengewölbe erinnert. Es war dies ein Mausoleum im Besitz der Landschaftskasse und diente als Gruft für angesehene Bürger, die in Weimar kein eigenes

Das Kassengewölbe,
Schillers erste Begräbnisstätte.

Erbbegräbnis hatten. So wurde Schiller in der ersten Stunde des 12. Mai 1805 in dieser Gemeinschaftsgruft beigesetzt. Seine Gebeine rettete 1826 der Bürgermeister Schwabe, als man die Gruft aufräumen wollte.

Heute findet man die Gedenktafel für Schiller und seine Büste in dem neuerrichteten Kassengewölbe, das an anderer Stelle in gleicher Form stand und 1854 abgerissen worden war.

Im Kassengewölbe wurden seinerzeit auch Louise von Göchhausen (1752–1807), die Hofdame Anna Amalias, der englische Kunstsammler Charles Gore (1729–1807) und viele andere prominente Weimaraner beigesetzt.

Nach dem Besuch auf dem Jakobsfriedhof setzen wir unseren Stadtspaziergang fort, gehen die Jakobsstraße stadteinwärts, überqueren den Graben und erreichen nach wenigen Schritten linkerhand die Luthergasse.

❸❾ Der Lutherhof in der Luthergasse 1

Geradeaus, am Ende der schmalen Gasse, steht ein wenig ansehnliches, großes, altes Haus, das in seinen Grundmauern schon 1492 bezeugt ist und das seit 1531 von Johann Burgkhardt bewohnt wurde, dessen Bruder, der Magister Franziskus Burgkhardt, mit Luther befreundet war. Daraus hat man abgeleitet, daß der Reformator bei seinen bezeugten Aufenthalten in Weimar in diesem Hause zu Gast gewesen sein soll. So kam es zu dem Namen des Lutherhofes.

Hier wohnte Christoph Martin Wieland, den die Herzogin Anna Amalie

Die Familie Wielands. Ölbild von Georg Melchior Kraus, 1775.

1772 als Prinzenerzieher von Erfurt nach Weimar berufen hatte, in den Jahren 1773 bis 1777. Hier arbeitete der Dichter an den ersten Jahrgängen seiner berühmt gewordenen Zeitschrift *Der Teutsche Merkur*, in der sich der galante Dichter als praktischer Aufklärer dem Publikum vorstellte.

Später – 1821 – bezog ein Weimarer Pädagoge mit einer großen Zahl von Zöglingen das halbverfallene Haus: der Legationsrat Johannes Daniel Falk (1768–1826). Er hatte in den Kriegswirren 1813 eine »Gesellschaft der Freunde in der Not« gegründet und erzog mit rührender Hingabe verwaiste und verwahrloste Kinder. Mit Eifer

stellte man das Gebäude gemeinsam wieder her, und so fand das Falksche Institut, das als humanitäre Einrichtung in eine Geschichte der Menschlichkeit gehört, vorübergehend im Lutherhof Unterkunft. Wie stattlich das Gebäude war, werden wir auf dem nächsten Spaziergang von der Rückseite der Marstallstraße her feststellen können.

㊵ Das Wohnhaus der Familie Jagemann Luthergasse 3

Wenn wir uns, vom Lutherhof kommend, nach links wenden, so stehen wir vor einem freundlichen, gelb gestrichenen Bürgerhaus. Hier wohnte der Bibliothekar Christian Joseph Jagemann (1735–1804), Vater der Schauspielerin Caroline und des Malers Ferdinand Jagemann, die hier aufwuchsen. Der Vater stand in Diensten der Herzogin Anna Amalia und war als Freund Bertuchs ein Vermittler und Übersetzer italienischer und spanischer Literatur in Deutschland.

㊶ Das Wohnhaus der Familie Vulpius
Luthergasse 5

In dem kleinen, früher weinlaubumrankten Haus nebenan wohnte in der zweiten Hälfte des 18. Jahrhunderts der Amtsarchivar Johann Friedrich Vulpius mit seiner großen Familie in kümmerlichen Verhältnissen. Hier wurde vermutlich Christiane Vulpius, Goethes spätere Frau, am 1. Juni 1765 geboren. Daß sie

Das Geburtshaus von Christiane Vulpius, Goethes späterer Frau.

den Dichter im Juli 1788 kennenlernte, verdankte sie eigentlich ihrem drei Jahre älteren Bruder Christian August Vulpius (1762–1827). Für ihn, der sich literarisch betätigte, übergab sie Goethe im Weimarer Park damals ein Bittgesuch, was zur Folge hatte, daß sich der Angesprochene für den Bruder tatsächlich einsetzte. Christian August Vulpius wurde später, 1797, Bibliothekar an der Herzoglichen Bibliothek und trat so in Goethes Dienste. Berühmt aber wurde dieser als Verfasser gern gelesener Unterhaltungsromane. Noch heute kennt man die Räubergeschichte *Rinaldo Rinaldini*. So könnte eine zweite Tafel am Haus in der Luthergasse lauten:»Hier wuchs auch der Schriftsteller und Bibliothekar Christian August Vulpius auf. Er stand in Goethes Schatten. Aber er hatte seine eigenen Verdienste.«

Die Luthergasse ist eine Sackgasse: Hinter dem Tor liegt der Garten des großen Hauses an der Jakobstraße 10, das wir nunmehr besuchen und betreten wollen, ehe wir zum Herderplatz weitergehen.

㊷ Das Kirms-Krackowsche Haus
Jakobstraße 10

Ein einziges prächtiges Bürgerhaus ist im sogenannten Jakobsviertel erhalten: Das nach den Eigentümern Kirms-Krackow-Haus benannte und berühmt gewordene Gebäude, das seit 1917 als museale Einrichtung viele Gäste anzieht. Das Haus, das man durch einen großen Torbogen betritt, hat den Charakter des 19. Jahrhunderts bewahrt; man kann in den hübschen bürgerlichen Räumen die Wohnkultur der Goethezeit, Salon und Musikzimmer, Hof

Salon im Kirms-Krackow-Haus.

und Küche kennenlernen. Das alte Weimar ist in diesem Hause mit Möbeln und Kaminen, Bildern und Musikinstrumenten überliefert worden.

Hier wohnten zu Goethes Zeiten zwei Hofbeamte, Karl Kirms (1741–1821), Sekretär der Geheimen Kanzlei, und sein jüngerer Bruder Franz Kirms (1750–1826). Mit letzterem hatte Goethe ständig zu tun; denn er war als Hofkammerrat für die Verwaltung des Hoftheaters zuständig. Mit der Gründung der Hoftheaterkommission 1797, deren Vorsitzender Goethe war, wurde Kirms für Goethe ein zuverlässiger und unentbehrlicher Mitarbeiter in allen laufenden Theatergeschäften.

Im Alter von 73 Jahren heiratete Franz Kirms die 44jährige Karoline Krackow (1779–1866). Als Witwe nahm sie 1836 ihre zehnjährige Nichte Charlotte Krackow (1825–1915), später auch deren jüngere Schwester Sophie (1830–

1895) ins Haus. So blieb die Wohnung über ein Jahrzehnt unverändert in der pfleglichen Obhut zweier Damen, die die Überlieferung als Verpflichtung und die alten Zeiten als lebendige Gegenwart betrachteten. Ihnen also haben wir es zu verdanken, daß wir die bürgerlichen Räume des Hauses noch heute kennenlernen können.

Franz Kirms war ein geselliger Beamter. Dichter und Theaterleute waren häufig seine Gäste: Schiller, Iffland, Kotzebue und viele andere.

Der Stolz der Frauen war der Garten hinter dem Hause. Schon Franz Kirms war ein leidenschaftlicher Gartenfreund, der sich an seinen Blumenbeeten erfreute und Obstsorten züchtete. Beliebt waren die Teestunden in dem barocken Pavillon, in dem man gerne an lauen Sommerabenden saß.

1844 kam der dänische Märchendichter Hans Christian Andersen zum erstenmal in das Haus. Er wohnte bei dem Kammerherrn Carl Freiherrn von Beaulieu-Marconnay, der die zweite Etage des Kirms'schen Hauses angemietet hatte. »Zu Baron Marconnay gezogen, wo ich es gemütlich und gut habe«, notierte Andersen am 25. Juni 1844 in seinem Tagebuch. »Hier ist ein herrlicher Blumengarten« und anderntags: »Im Garten zwischen herrlichen Rosen gewandert.« Ja, so kann man sich den Märchenpoeten mit der großen Nase und den langen Füßen in Weimar vorstellen.

In der Etage, in der Andersen zu Gast war, war früher ein Literaturmuseum eingerichtet. Es war einem großen Nachbarn gewidmet – Johann Gottfried Herder, dem Prediger der Stadtkirche.

**❹❸ Das Wohnhaus von
Carl August Böttiger
Jakobstraße 3**

Das Haus hinter dem alten Gymnasium
war die Dienstwohnung seines Direk-
tors. In dem unauffälligen Haus an der
Jakobstraße wohnte in dieser Funktion
von 1791 bis 1804 Carl August Böttiger
(1760–1835), der als klassischer Philologe für Goethe und auch für Schiller
ein hilfreicher Zuarbeiter war. Nachdem sich die beiden Dichter mit dem
kenntnisreichen, aber pedantischen
Schulmann überworfen hatten, verfolg-
ten sie den »Magister ubique« mit bei-
ßendem Spott. Das hat dem Ansehen
Böttigers sehr geschadet, denn es besteht kein Zweifel, daß er in seiner Zeit
ein verdienter Philologe, Altertumswis-
senschaftler und Galeriedirektor war.

*Am Ende der Jakobstraße stoßen wir auf
den Herderplatz, den früheren Töpfermarkt,
der von einem eindrucksvollen Ensemble
bemerkenswerter Bauten umstanden ist. An
diesem Ort, der sich jedem Weimar-Besu-
cher einprägt, ist die klassische Zeit Weimars
lebendig geblieben. Wir betrachten zunächst
das Schulgebäude, dann die Kirche, gehen
vom Platz aus um sie herum und stehen
wieder dort, woher wir kamen.*

**❹❹ Das Gebäude des
früheren Gymnasiums
Herderplatz 14**

Das majestätische hohe Gebäude mit
dem Walmdach, dem zweiseitigen Stu-
fenaufgang und dem nach Herder benannten gußeisernen Brunnen davor
wurde 1712 bis 1715 von Herzog Wilhelm Ernst gebaut. Hier ging Weimars
Jugend zu Goethes Zeiten in die Schule,

Gebäude des früheren Gymnasiums.

wenn es die Eltern nicht vorzogen,
Hauslehrer zu beschäftigen.

Denkwürdig ist das bis 1887 als Gymnasium benutzte Schulgebäude auch
wegen der Lehrer, die dort unterrichteten: Johann Karl August Musäus, Carl
August Böttiger, Heinrich Voß d. J.,
Franz Ludwig Passow, Friedrich Wilhelm Riemer. Jeder von ihnen hatte
literarische oder gelehrte Verdienste.
Doch im Gegensatz zu andern Städten
der Zeit spielte das Gymnasium in Weimar im geistigen Leben der Zeit eine
bescheidene Rolle: Hof und Theater,
Clubs und Gesellschaften waren die
bevorzugten Treffpunkte der gebildeten
Schichten.

Stadtkirche St. Peter und Paul mit dem Eckhaus »Sächsischer Hof«.

㊺ Die Stadtkirche
St. Peter und Paul

Die Stadtkirche St. Peter und Paul mit dem weit heruntergezogenen Dach, der geistliche Mittelpunkt der protestantischen Stadt, ist mit dem Namen Johann Gottfried Herders so eng verknüpft, daß eine säkularisierte Öffentlichkeit von der »Herder-Kirche« spricht, – ein Widerspruch in sich selbst: Den frommen Herder hätte die Profanisierung der Kirche durch seinen Namen entrüstet.

Johann Gottfried Herder (1744–1803), Goethes Straßburger Mentor, der große Anreger des jungen Genies, der die Begeisterung für Shakespeare und Ossian, für die Volkslieder und die Geschichte in dem Patriziersohn weckte,

folgte dem Ruf des Weimarer Herzogs und der Anregung Goethes und vertauschte Bückeburg mit dem ebenso kleinen Weimar. So kam der 32jährige Schriftsteller und Theologe, dem die Macht des Wortes wie kaum einem andern zu Gebote stand, am 1. Oktober 1776, knapp ein Jahr nach Goethe in die Stadt.

Die Kirche, die wir betreten haben, ist seine Kirche gewesen: Sie hat noch heute die Gestalt wie zu Herders Zeiten. Der Krieg hat schwere Schäden angerichtet, doch inzwischen wurde sie sorgfältig restauriert. Die Stadtkirche geht, wie die Stadt selbst, bis ins 13. Jahrhundert zurück. Sie wurde im Stadtbrand 1424 schwer beschädigt und erst 1498 bis 1500 in der jetzigen äuße-

Johann Gottfried Herder. Stich nach einem Gemälde von Friedrich Bury, um 1790.

ren Form fertiggestellt. Im 18. Jahrhundert wurde sie zu einer barock verkleideten Emporekirche umgestaltet. In ihr also predigte sonntags der Herzoglich-sächsische Generalsuperintendent und Oberkonsistorialrat, Oberhofprediger und städtische Oberpfarrer Johann Gottfried Herder stets vor einer großen Gemeinde. Unter den Zuhörern war im August 1787 ein Fremder, Friedrich Schiller: »Am vorigen Sonntag hört ich Herdern zum erstenmal predigen... Die ganze Predigt glich einem Diskurs, den ein Mensch allein führt, äußerst plan, volksmäßig, natürlich. Es war weniger eine Rede als ein vernünftiges Gespräch... Einfach wie sein Inhalt ist auch der Vortrag, keine Gebärdensprache, kein Spiel mit der Stimme, ein ernster und nüchterner Ausdruck. Es ist nicht zu verkennen, daß er sich seiner Würde bewußt ist. Die Voraussetzung dieses allgemeinen Ansehens gibt ihm Sicherheit und gleichsam Bequemlichkeit, das ist augenscheinlich. Er fühlt sich als einen überlegenen Kopf, von lauter untergeordneten Geschöpfen umgeben. Herders Predigt hat mir besser als jede andere, die ich in meinem Leben zu hören bekommen habe, gefallen.« Stand Herder am Altar, so blickte er auf das große Altargemälde von Lukas Cranach d. Ä., die Kreuzigung Christi. Unter dem Kreuz hat sich der Künstler neben dem Reformator abgebildet, auf den Seitenflügeln sind das Herzogspaar auf der einen und die drei Söhne auf der andern Seite konterfeit. Dieses letzte Werk Cranachs, das nach seinem Tode vollendet und später mehrfach restauriert wurde, gibt dem Kirchenraum seine besondere Prägung.

Die Kreuzigung Christi. Altarbild von Lukas Cranach in der Stadtkirche.

Bei einem Rundgang verweilen wir vor den hohen steinernen Epitaphen und den bronzenen Grabtafeln für die Weimarer Fürstlichkeiten aus dem 16. und 17. Jahrhundert. Eine dieser Metallplatten deckt das Grab Herders selbst, der nach seinem Tode am 18. Dezember 1803 hier beigesetzt wurde. Die auf Veranlassung von Carl August gefertigte schlichte Platte gibt neben den Lebensdaten Herders Symbol wieder: Im Rund einer sich in den Schwanz beißenden Schlange und den griechischen Buchstaben A und O, Anfang und Ende, liest man seinen Wahlspruch: »Licht Liebe Leben.«
Schließlich fällt unser Blick auf zwei ungewöhnliche Tafeln; die eine zeigt ein kleines verschleiertes Mädchen, das von einem kindlichen Genius empfangen wird. Dieses, von Gottlieb Martin Klauer 1784 gefertigte Epitaph erinnert an

den Tod einer kleinen Tochter Carl Augusts und Louises, die 1784 starb: »Sie gefiel Gott wohl und war ihm lieb und ward weggenommen aus dem Leben.« Später widmete der Herzog dieses Mahnmal allen seinen vier früh verstorbenen Kindern.

Die andere Tafel schließlich gilt der Großmutter dieser Kinder, Anna Amalia, der Herzoginmutter, die, wenn der von ihr verehrte Herder predigte, regelmäßig unter seinen Zuhörern war. Sie wurde als letzte Angehörige des weimarischen Hofes 1807 in der Kirche beigesetzt.

46 Das Herder-Denkmal vor der Stadtkirche

Wenn wir die Kirche verlassen, fällt unser Blick auf Herders steinernes Monument, das erste, das man den großen Männern der Klassik in Weimar errichtete.

In ganz Deutschland hatte man für das Denkmal gesammelt, aber der 100. Geburtstag 1844 ging vorüber. Erst sechs Jahre später fanden Herder- und Goethefeiern vom 24. bis 28. August 1850 statt. Am ersten Abend wurde im Hoftheater *Der entfesselte Prometheus* aufgeführt, Szenen, die Herder nicht für die Bühne geschrieben hatte, denen Franz Liszt aber eine Ouvertüre voranstellte und deren Chöre er zu Ehren Herders vertont hatte. Nach dieser Einstimmung enthüllte man anderntags, an Herders 106. Geburtstag, in Anwesenheit vieler Honoratioren und einiger Schriftsteller – darunter waren Karl Gutzkow und Franz Dingelstedt – das Denkmal, das der Bildhauer Ludwig Schaller entworfen und Ferdinand Miller in München gegossen hatte. »Von Deutschen aller Lande« liest man auf dem Sockel: Die Enthüllung war nach der gescheiterten Revolution eine Demonstration der geistigen Freiheit und Humanität, die Herder in seinen Schriften sprachgewaltig gefordert hatte.

Herder-Denkmal von L. Schaller, 1850.

47 Der Sächsische Hof, der frühere Schwarzburger Hof Eisfeld 12

Ehe wir Herders Spuren an diesem Platz weiterverfolgen, bleiben wir einen Augenblick bei einem schmalen weißen Renaissancehaus am Ende zweier Gassen stehen, das in den früheren Töpfermarkt hineinragt. Es ist der Sächsische Hof, ein stattliches Giebelhaus, das zu den ältesten der Stadt zählt und 1429 als Eigentum des Deutschritterordens erwähnt wird. Später gehörte es den Grafen von Schwarzburg. In diesem Haus wohnte der Herzoglich-sächsische Kammerpräsident Carl Alexander von Kalb (1712–1792) aus Kalbsrieth, ein hochverdienter Beamter in Diensten der Herzogin Anna Amalia. Er war der Vater von Johann August Alexander von Kalb (1747–1814), den Carl August gegen den Widerstand seiner Räte mit 29 Jahren 1776 zur Nachfolge seines Vaters berief und 1782 schließlich entlassen mußte. Doch nicht diese Hofintrigen sollen uns hier beschäftigen, sondern nur das Verdienst des jungen von Kalb, der den Frankfurter Anwalt Johann Wolfgang Goethe am 7. November 1775 als Gast im Kalbschen Haus für vier Monate aufnahm. In dieser Zeit entschloß sich Goethe zum Bleiben, und er bezog am 18. März 1766 seine erste eigene Wohnung am Burgplatz, von der wir auf unserem nächsten Spaziergang erfahren werden.

❹❽ Das Haus von
Johann Gottfried Herder
Herderplatz 8

Herder war nicht glücklich in Weimar. In seinen ersten Dienstjahren fand der vielbeschäftigte und hochgeschätzte Theologe, dem das geistliche Leben von Stadt und Land anvertraut war, zu Goethe, dem Freunde, kein engeres Verhältnis mehr. Es gefiel ihm nicht, daß dieser im Banne des Hoflebens wirkte und wirbelte, reiste, Theater spielte, seine Jugend und sein Genie genoß und auskostete.

So hat er in dem großen Haus der Superintendentur, in das Herder mit seiner Frau Caroline und den Kindern eingezogen war, manche Enttäuschung erlebt. Herder war nicht mehr, wie er es lange gewohnt war, geistiger Mittelpunkt der Stadt, er lebte jetzt im wörtlichen Sinne hinter der Kirche. Allerdings kam man sich in den achtziger Jahren wieder näher. Goethe vertraute ihm die Redaktion seiner klassischen Dramen und seiner Gedichte an. Als 1789 der russische Reisende Nikolaus Karamsin Herder besuchte, der ihn schon im Vorhause freundlich empfangen hatte, kam das Gespräch auf die deutsche Literatur, auf Klopstock, Wieland und selbstverständlich auf Goethe. Herder lobte ihn. »Er ließ durch seinen kleinen Sohn die neue Ausgabe von den Werken holen und las mir mit vieler Empfindung einige kleine Gedichte vor, worunter ihm vorzüglich das Lied *Meine Göttin* gefiel. ›Das ist wahrhaftig griechisch‹, sagte er, nachdem er's gelesen hatte, ›und welche Sprache! welche Reinheit und Leichtigkeit!‹«

In den neunziger Jahren kam es endgültig zum Bruch zwischen Herder und Goethe, unter dem beide sehr gelitten haben. Doch auch für Herder, den Wegbereiter der deutschen Klassik, waren die 27 Weimarer Jahre eine fruchtbare Zeit. In dem heute der Öffentlichkeit verschlossenen Hause hat er seine großen Werke, die *Ideen zu einer Philosophie der Geschichte der Menschheit* vollendet, seine Volksliedersammlung, die *Briefe zur Beförderung der Humanität* und vieles andere herausgegeben. Hier lebte er in der Freundschaft zu Anna Amalia, Wieland, Knebel, Jean Paul, Charlotte von Kalb. Sie waren oft Gäste in dem großen Haus und dem immer wieder erwähnten Garten, umsorgt von Herders Frau Caroline, die offenbar noch mehr als er unter den leichtlebigen höfischen Sitten litt und sich auch dem daraus entstehenden kleinstädtischen Klatsch nicht verschloß.

Es ist bedauerlich, daß Herders Arbeitszimmer nicht erhalten geblieben ist. Noch 50 Jahre nach seinem Tode konnte man es besichtigen.

Wir gehen weiter an den alten und neuen Schulgebäuden vorbei – hier wohnten der Stiftsprediger, der Organist, der Konrektor, der Stadtkantor, der Archidiakon – und erblicken zwischen Kirche und Schulgebäude auf der Ostseite des Herderplatzes ein großes, repräsentatives Gebäude.

Durchblick zwischen Gymnasium und Stadtkirche zum Deutschritterkomturhaus.

❹⁹ Das Deutschritterkomturhaus Ecke Herderplatz/Vorwerkgasse

Das vornehme Renaissancegebäude, das zu Recht als eines der schönsten Häuser Weimars gilt, bietet einen großartigen Anblick: Die ebenmäßige Fassade und der verzierte Giebel verraten frühen Wohlstand der vorklassischen Zeit Weimars. Das Haus erhielt 1808 eine neue Eigentümerin: Caroline Jagemann (1777–1848), die gefeierte Sängerin und Schauspielerin am Weimarer Hoftheater, bekam das herrschaftliche Haus von Carl August geschenkt, der sie ein Jahr später als Frau von Heygendorf in den Adelsstand erhob. Um diese Zeit war es in Weimar kein Geheimnis mehr, daß die Primadonna die Geliebte des Herzogs war, dem sie drei Kinder geboren hatte. Der Herzog teilte jahrelang seinen Tag zwischen Schloß und Carolines Haus; der Weg durch die Vorwerkgasse war kurz, man lebte also dicht beieinander.

Goethe schätzte die Kunst Caroline Jagemanns sehr, litt jedoch im Laufe der Jahre unter der herrischen und selbstherrlichen Art, mit der die Sängerin auf Regie und Direktion des Hoftheaters Einfluß nahm. Daß sich Goethe schließlich 1817 seiner Theaterintendanz entledigt sah, mußte er nicht zuletzt den Intrigen Caroline Jagemanns zuschreiben. Sie wurde auf der Bühne zwar bewundert, im Alltag aber stand man auf der Seite der duldenden Herzogin, und die Schauspielerin bekam oft den Haß und Unmut des Volkes spüren. Mit böser Zunge schrieb damals Frau von Stein: »Demoiselle Jagemann hat die fürstliche Familie wieder mit einem Töchterchen vermehrt; man sagt, sie werde das Palais von der Herzoginmutter künftig beziehen oder bekommen. Man hatte Stroh in die Straße gestreut, wo sie in Wochen lag, um den Lärm der Fuhren zu dämpfen; darauf fand man ein Pasquill an ihrem Haus ›Huren müssen auf Stroh sterben‹. Die Polizei nahm es geschwind ab. Dieser kleine Hof soll mehr kosten wie der große; es macht im allgemeinen einen bösen Eindruck.«

Durch die Kaufstraße kommen wir zum Markt zurück.

⑤⓪ Gedenktafel für Carl Zeiss
Kaufstraße 1

Daß Weimar nicht nur eine Stadt produktiver Künstler, Dichter und Schriftsteller war, sondern auch erfolgreicher Kaufleute, Handwerker, Erfinder, daran erinnert die Gedenktafel für Carl Zeiss (1816–1888), den Begründer der berühmten Zeiss-Werke. Er verbrachte im alten Weimar seine Kindheit und Jugend.

Wir stehen jetzt wieder auf dem Markt, von dem unser zweiter Spaziergang seinen Anfang genommen hatte und erblicken zwischen den Häusern das Reiterdenkmal Carl Augusts. Wir haben einen Vormittag verbracht, der uns mit dem alten Weimar und seinen geschichtlichen Persönlichkeiten vertraut gemacht hat.

Blick vom Denkmal Carl Augusts auf den alten Teil des Schlosses.

Dritter Spaziergang
Schloß und Park

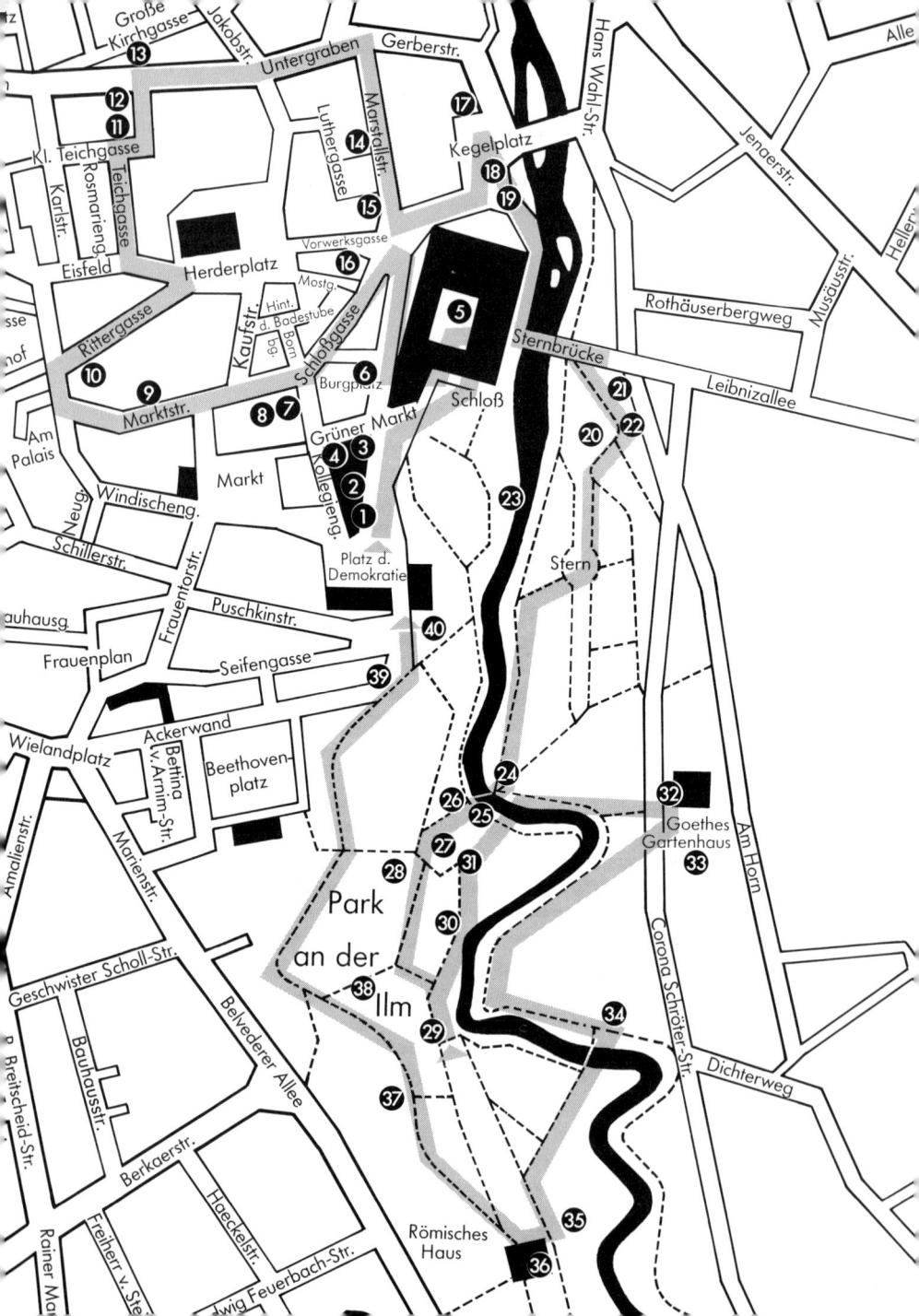

Nach dem Vormittagsspaziergang durch das alte Weimar wollen wir nun den höfischen Teil, Schloß und Park kennenlernen. Wir verbinden den Nachmittagsspaziergang noch mit einem Abstecher in einen Teil der Altstadt, den wir auf den beiden ersten Rundgängen noch nicht kennengelernt haben.

Wir beginnen wieder am Denkmal Carl Augusts und gehen in die Richtung, in die der Herzog auf dem hohen Podest blickt, zum Schloß.

❶ Die »Holzställe« und der Ildefonso-Brunnen

Unser Weg führt an einer niedrigen klassizistischen Verblendung der Hinterfront des Roten Schlosses entlang. Dort standen zu Goethes Zeiten Holzhallen für die Lagerung des Brennholzes. Die neuen »Holzställe« waren eine der ersten Arbeiten des seit 1816 bei der Landesdirektion tätigen Oberbaudirektors Clemens Wenzeslaus Coudray. Die lange Wand mit den beiden Einfahrten faßt den Platz zwischen Park und Rotem Schloß ein.

Zwischen den beiden Torbogen wurde ein antiker Brunnen nachgebaut und dahinter 1824 ein Abguß der von Goethe so sehr geliebten Ildefonso-Gruppe aufgestellt, die im Aufgang seines Hauses am Frauenplan steht. Goethe hatte die antike Freundschaftsgruppe schon 1771 im Antikensaal in Mannheim bewundert und Kastor und Pollux genannt. Lessing deutete sie als Schlaf und Tod: Der Schlaf lehnt sich versonnen gegen den ebenfalls als Jüngling dargestellten Tod, der eine Fackel, Symbol des endenden Lebens, zum

Verlöschen gesenkt hat. Das spätantike Original stand im 17. Jahrhundert in der Kirche San Ildefonso, unweit von Madrid, und gab der Gruppe den Namen.

❷ Der Aktenmännchenbrunnen im Innenhof des Gelben Schlosses

Wir gehen durch eines der beiden Tore und stehen vor der Rückfront des Roten Schlosses. Wir wenden uns nach rechts und gelangen durch einen neuen Torbogen in den Innenhof des Gelben Schlosses, das wir uns beim Herausgehen näher ansehen werden.

In diesem Innenhof entdecken wir den Aktenmännchenbrunnen, der im Verlauf der Umbauarbeiten des Gelben Schlosses, die für die Zwecke des damaligen Finanzministeriums 1911 vorgenommen wurden, entstanden ist. Leider stehen Brunnen und Brunnenfigur in einem eklatanten Mißverhältnis: Die Figur des aktenschleppenden Amtsdieners ist viel zu klein geraten oder der Brunnen zu groß geworden. Dennoch war es eine gute Idee, einmal einem altgewordenen Aktenboten ein Denkmal zu setzen. Es gab diese namenlosen Diener auch schon zur Amtszeit Goethes: Der Geheimrat war Vorsitzender oder Mitglied vieler Kommissionen; bis zu seinem Tode führte er die Oberaufsicht über die unmittelbaren Anstalten für Kunst und Wissenschaft in Jena und Weimar. So war ihm der Umgang mit Akten vertraut. Goethe erledigte diese Verwaltungsarbeiten mit gewissenhafter Pünktlichkeit.

❸ Die Hauptwache oder Neue Wache

Das große, spätklassizistische Gebäude, das sich den Holzställen anschließt, baute Coudray von 1834 bis 1838 als Hauptwache und schloß damit die Eckbebauung zum Gelben Schloß hin ab. Vor dem Verwaltungsgebäude fand eine Massenversammlung statt, als am 9. November 1918 auch in Weimar die Revolution ausgerufen wurde. Von hier forderten die Soldatenräte die Abdankung des Kaisers und auch des Großherzogs von Sachsen-Weimar. An diesem Ort in der Provinz fand gewissermaßen das Vorspiel zur Weimarer Republik statt.

Zu Goethes Zeit stand hier das Wolzogensche Freihaus, in dem Goethes Amtskollege und Schillers Jugendfreund, der Oberhofmeister Wilhelm Freiherr von Wolzogen (1762–1809) mit seiner Familie wohnte. Die beiden Beamten waren für den Aufbau des Schlosses um 1800 verantwortlich: Goethe schätzte nicht nur den tüchtigen Schwaben, sondern auch dessen Frau, Caroline von Wolzogen (1763–1847), Schillers intelligente und musische Schwester Charlotte. Sie wohnte als Witwe in dem schönen Freihaus, das dann dem Neubau weichen mußte.

❹ Das Gelbe Schloß am Grünen Markt

Linker Hand, in Richtung des Marktplatzes, liegt ein 1702 für die Herzogin Charlotte Dorothea Sophie von Johann Ernst III. errichtetes Barockgebäude, das Gelbe Schloß, das sich durch ein imposantes Löwentor auszeichnet. Es diente eine Zeitlang als Verwaltungsgebäude, später auch als Wohnung von Hofbeamten. So ist es zu erklären, daß hier der Schriftsteller August von Kotzebue als Sohn des Kabinettsekretärs Levin Carl Christian Kotzebue am 3. Mai 1761 geboren wurde. Er spielte eine unrühmliche Rolle in der deutschen Literatur, doch hatte er als erfolgreicher Theaterdichter bei dem breiten Publikum großen Erfolg. Später lebte er einige Zeit immer wieder in Goethes Nähe.

Wir überqueren die Straße und gelangen zum Schloß, dem beherrschenden Zentrum Weimars.

❺ Das Schloß zu Weimar

Schlösser haben meist eine verwickelte Baugeschichte, da über Jahrhunderte immer neue Veränderungen und Umbauten an ihnen vorgenommen wurden. Hinzu kamen Wiederaufbau und Erweiterungen nach Zerstörungen durch Krieg und Brände. Dies gilt auch für das Schloß zu Weimar, das aus der alten Burg Hornstein im frühen Mittelalter hervorging. Im 16. und 17. Jahrhundert wurde sie zu einem Schloß umgebaut, und man nannte das Gebäude die Wilhelmsburg. Sie fiel am 6. Mai 1774 einem Brand zum Opfer.

So sah Goethe bei seiner Ankunft das Schloß in Trümmern liegen. Nur einige Gebäude und der Hausmannsturm aus dem 16. Jahrhundert waren stehengeblieben: Dies ist die malerische Bastille, die man als Relikt eines fernen Zeitalters am Eingang des klassizistischen Gebäudekomplexes liegen sieht. Zu Goethes Zeiten war dort das Hofmarschallamt untergebracht, das für den

Das Weimarer Schloß um 1910, vor dem Umbau.

Ablauf des Hoflebens zuständig war. Der Herzog selbst bewohnte in dieser Zeit das Fürstenhaus.

Die Südfassade, auf die wir zugehen und durch deren Torbogen wir in den Innenhof treten, ist der jüngste Teil des Schlosses. Er entstand erst 1913/14 und verriegelt das eigentliche dreiflügelige, offene Schloßgebäude, so wie es zwischen 1789 und 1840 wiederhergestellt worden war.

Goethe war als Mitglied der Schloßbaukommission seit 1789 an der Planung und Ausführung des Auf- und Ausbaus beteiligt. Die umfangreichen erhaltenen Akten im Staatsarchiv Weimar dokumentieren in allen Einzelheiten den langwierigen und schwierigen Bauprozeß. Den Westflügel, den Nordflügel und den nordwestlichen Pavillon hatte der Hamburger Baumeister Johann Au-

gust Arens geplant und weitgehend gebaut. Die Inneneinrichtung, nach einer Bauunterbrechung in Angriff genommen, lag von 1798 bis 1800 in den Händen des Stuttgarter Architekten Nikolaus Friedrich Thouret, und als unter seiner Leitung der Schloßbau zu schleppend voranging, beauftragte man den Berliner Baumeister Heinrich Gentz, der den Bau bis 1803 zügig zu Ende führte. Das Treppenhaus, der Weiße Saal im Ostflügel, das Zedernzimmer und die Falkengalerie im Nordflügel, die auf Gentz zurückgehen, gelten als schönste Raumgestaltungen des frühen deutschen Klassizismus. Hier spürt man, wie die Kunstauffassung Goethes und seiner Freunde mit der der jüngeren Architekten übereinstimmte. Kaum ein Jahr war vergangen, als am 9. November 1804 der Erbprinz Carl

Herzogin Louise von Sachsen-Weimar.
Ölbild von G. M. Kraus, um 1780.

Herzog Carl August von Sachsen-Weimar.
Ölbild von F. A. Tischbein, 1795.

Friedrich mit seiner jungen Gemahlin, der Großfürstin Maria Pawlowna (1786–1859), Schwester des russischen Kaisers, in das Schloß einzog. Damals dichtete Schiller die *Huldigung der Künste* für die umschwärmte Schwiegertochter Carl Augusts.

Da die Herzogin Louise ihre Gemächer im ersten Obergeschoß des südlichen Teils des Ostflügels hatte und Carl August das darüber gelegene Stockwerk bewohnte, bezog das junge Paar den Nordflügel des Schlosses. Im Laufe des nächsten halben Jahrhunderts war die Großfürstin tatsächlich entscheidend an der klassizistischen Ausgestaltung Weimars beteiligt.

So entdeckt man Maria Pawlownas künstlerische Hand im Westflügel, der zwischen 1830 und 1847 unter der Leitung des Oberbaudirektors Coudray in Anlehnung an die klassizistische Vorgabe der beiden Hauptschloßflügel gebaut

wurde und die provisorischen Stallungen ersetzte, die den Anblick des Schlosses bis dahin beeinträchtigt hatten. Sie setzte den großen Dichtern der Klassik auf ihre Weise Denkmäler. 1840 ließ sie im Westflügel vier Dichterzimmer von Weimarer Künstlern ausmalen, eines für Schiller, eines für Goethe, eines für Wieland und eines für Herder. Die Fresken stellen jeweils Szenen aus den Werken der Dichter dar, deren Büsten in jedem Raum aufgestellt wurden. Die Huldigung mutet uns heute fremd an, aber das 19. Jahrhundert sah seine Dichter als heroische Vorbilder, und gerade Maria Pawlowna war eine glühende Verehrerin der deutschen Klassik. In diesem Zusammenhang ist auch die Märchengalerie des Moritz von Schwind vor den Dichterzimmern zu sehen. Auf unserm Rundgang können wir einen Blick in die fürstlichen Gemächer tun.

**Einzug des Erbprinzenpaares Carl Friedrich und Maria Pawlowna in Weimar
am 9. November 1804. Gemälde von Friedrich Preller d. Ä., 1844.**

Treppenaufgang im Schloß.

Heute beherbergt das Schloß außer der Direktion der Stiftung Weimarer Klassik vor allem die öffentlich zugänglichen Kunstsammlungen, die in den Besitz der Stadt Weimar übergegangen sind. Wir werden nicht versäumen, die eindrucksvolle Galerie vor allem fürstlicher Kunstschätze zu besichtigen: die Werke aus dem Spätmittelalter, die bedeutende Sammlung der Bilder Lukas Cranachs, die niederländische Malerei, die Romantikersammlung mit Gemälden von Philipp Otto Runge, Georg Friedrich Kersting, Caspar David Friedrich, die Weimarer Malschule mit Bildern von Leopold Graf von Kalckreuth, Theodor Hagen, Christian Rohlfs, Max Liebermann u. a. Hinzugekommen ist eine sehenswerte Sammlung zeitgenössischer Kunst aus der DDR.
Wir verlassen das Schloß durch die Torbogendurchfahrt der Bastille und stehen auf

dem Burgplatz, der von der Durchgangsstraße in seinem Charakter beeinträchtigt ist. Das Residenzcafé (Café Resi) an der Ecke gegenüber dem Gelben Schloß steht an der Stelle, an der sich früher die Schloßwache befand. Daran schließt sich an:

❻ Goethes Wohnung
Am Burgplatz 1

Im zweiten Stock dieses Hauses, damals hinter der Wache, gegenüber dem Schloß, wohnte Goethe vom 18. März 1776 bis Ostern 1777, ehe er für drei Jahre eine Unterkunft im Fürstenhaus fand und dann weitere drei Jahre das Quartier in der Seifengasse 1779–1781 bezog. »Goethe trifft Nina« heißt heute die Galerie, die hier junge Leute als Kulturzentrum ACC verdienstvollerweise geschaffen haben.
Wir gehen einige Schritte weiter, vorbei an dem vorspringenden Haus Nr. 3, das dem jüdischen Bankier Julius Elkan gehörte. Mit ihm wickelte Goethe seine Geldgeschäfte ab. Wir biegen dann scharf links in die Schloßgasse ein.

❼ Die Wohnung von
August von Kotzebue
Schloßgasse 6

Der im Gelben Schloß geborene August von Kotzebue (1761–1819) hielt sich von 1799 an immer wieder vorübergehend, zuletzt 1817/18 in Weimar auf, wo seine Mutter, die Rätin Kotzebue, lebte. Der ebenso bekannte wie berüchtigte Theaterdichter, der über 200 Dramen geschrieben hat, war einer der meistgespielten Dramatiker seiner Zeit. Seine Stücke waren auch im ständigen

Repertoire des weimarischen Hoftheaters. Goethe ging dem gewandten, aber zwielichtigen Kotzebue aus dem Wege. Dieser hatte als Staatsrat in Rußland Karriere gemacht und fiel später einem spektakulären Mord zum Opfer.

»Kotzebue hatte bei seinem ausgezeichneten Talent in seinem Wesen eine gewissen Nullität, die niemand überwindet, die ihn quälte und nötigte, das Treffliche herunterzusetzen, damit er selber trefflich scheinen möchte«, schrieb Goethe, der sich von Kotzebue »mit Abneigung und Haß verfolgt« sah, und bemerkte mit Bedauern und Ironie: »Ich denke mir ihn gern als Weimaraner und freue mich, daß er der mir so werten Stadt das Verdienst nicht rauben kann, sein Geburtsort gewesen zu sein.«

❽ Das »Haus mit der Palme« Schloßgasse 4

Neben dem Haus mit der Gedenktafel für Kotzebue fällt unser Blick auf ein stilvolles Gebäude, das mit einer Palme im Wappen über dem Eingang auf Bedeutung und Würde hinzuweisen scheint. Zwar stammt das sehr schön restaurierte Haus aus dem 17. Jahrhundert, doch mit der »Fruchtbringenden Gesellschaft«, dem sogenannten Palmenorden, hat es nachweislich nichts zu tun. So ging nicht Georg Neumark als Ordenssekretär hier ein und aus, wohl aber hundert Jahre später Johann Gottfried Herder. Das Haus war damals der Sitz des Oberkonsistoriums, also der höchsten Kirchenbehörde, deren Vizepräsident und späterer Präsident Herder war.

Seit 1801 wohnte hier der Kammerrat

Cornelius Johann Rudolph Ridel (1759–1821), mit dem Goethe nicht nur dienstlich zu tun hatte, sondern der auch sein Logenbruder war. In die Literatur ist Ridel als Schwager von Charlotte Buff, Goethes Wetzlarer Lotte, eingegangen: Er war mit ihrer Schwester verheiratet. In Thomas Manns *Lotte in Weimar* ist diese Familienbeziehung ausgesponnen.

Wir überqueren die Kaufstraße und gehen die Marktstraße, die einstige Breite Gasse, entlang.

❾ Gedenktafel für Bonaventura Genelli Marktstraße 14

Es ist reizvoll zu sehen, mit welcher Liebe die Weimaraner ihren Dichtern,

Das »Haus mit der Palme«, Schloßgasse 4. Links die Wohnung von A. v. Kotzebue.

Künstlern und Musikern Denkmäler setzten und Gedenktafeln widmeten, aber es ist auch bezeichnend, wen sie nicht für würdig hielten, geehrt zu werden. Bedauerlich ist, daß an manchen alten Häusern frühere Gedenktafeln im Laufe der letzten Jahre abhandengekommen sind.

Daß man an dem Haus Marktstraße 14 den Namen Bonaventura Genelli (1798–1868) liest, zeigt, daß der Maler und Zeichner, der auf Veranlassung seines Künstlerkollegen Friedrich Preller 1859 nach Weimar berufen wurde, sehr beliebt war. Er war einer der letzten Vertreter des Klassizismus, ein begabter Illustrator und Vermittler antiker Mythologie in seinen Gemälden, Zeichnungen und Skizzen. In diesem Haus, an dem eine Gedenktafel an ihn erinnert, befand sich der Gasthof »Zum goldenen Adler«. Dieser erlebte im 19. Jahrhundert eine Glanzzeit, als der Neu-Weimar-Verein hier tagte, in dem Genelli als geselliger Südländer und starker Zecher eine große Rolle spielte. Man hatte 1912 sogar ein Genelli-Zimmer eingerichtet, das es aber heute ebenso wie den Gasthof selbst nicht mehr gibt.

Wir biegen am Ende der Marktstraße scharf rechts in die Rittergasse ein.

❿ Die Wohnung von Christoph Martin Wieland Rittergasse 19

Das schmale Haus neben dem prachtvollen Eckgebäude an der Rittergasse gegenüber dem Donndorfbrunnen hat keine Tafel, und doch wäre es verdienstvoll, an dieser Stelle auf einen der bedeutendsten Weimaraner hinzuweisen:

Christoph Martin Wieland bewohnte das Haus seit 1803 nach seiner Rückkehr von Oßmannstedt. Dort hatte er, wie vor ihm Goethe in Oberroßla, sein Gut verkaufen müssen. Wieland zog in die Stadt zurück und fand hier in der Rittergasse eine Bleibe, ehe er 1805 das geräumigere Haus an der nach ihm benannten Straße bezog, das mit seinem schönen Garten dem alten Dichter mehr Geborgenheit gab als das kleine Haus an der Rittergasse.

Wir gehen die Rittergasse entlang, deren Häuser weitgehend erneuert wurden. So können wir uns auch nicht mehr vorstellen, wie das Haus Nr. 7 aussah, in dem Helene Böhlau, die das Weimar des 19. Jahrhunderts in ihren Ratsmädelgeschichten liebevoll verklärte, zur Welt kam. Von der Rittergasse gehen wir um den uns schon vertrauten Sächsischen Hof herum, lassen den Herderplatz mit der Stadtkirche rechts liegen, gehen einige Schritte am Eisfeld entlang und biegen nach rechts in die Teichgasse ein. Wir kommen zu einem kleinen Platz, den ein graziöser Delphinbrunnen aus dem 19. Jahrhundert ziert, und sehen links das Eckhaus zum Graben, an dem wir wiederum einen Augenblick verweilen wollen.

⓫ Die Wohnung von Eduard Genast Teichgasse 21

Den Lebensspuren der Schauspieler, die unter Goethes Leitung am Theater wirkten und mit denen der Dramatiker seine *Regeln für Schauspieler* einstudierte, können wir nicht so nachgehen, wie wir es wünschten. Man kennt bisher kaum ihre Wohnungen und nicht immer ihre Lebensläufe.

Einer der bekanntesten Schauspieler, der zu Goethes Zeit am Theater spielte, war Anton Genast (1765–1831), der als Regisseur und Organisator viele Jahre Goethes rechte Hand in der täglichen Theaterarbeit war. Sein Sohn, Eduard Genast (1797–1866), dem dankbare Bürger an dem Haus, an dem wir stehen, eine Gedenktafel stifteten – heute nicht mehr vorhanden – hatte nicht nur das Talent des Vaters geerbt und war ein beliebter Hoftheaterschauspieler des 19. Jahrhunderts, sondern schrieb auch Memoiren *Aus dem Tagebuch eines alten Schauspielers*, in denen er seinem Vater ein Denkmal setzte und viel über Goethe zu erzählen wußte.

Wir stehen nun am Graben und entdecken zur linken Seite in den Anlagen eine Büste auf einem hohen Sockel.

**Johannes Daniel Falk.
Ölbild von Henriette Westermayr, 1805.**

⑫ Das Denkmal für Johannes Daniel Falk Am Graben vor dem Haus von Genast

Die Weimaraner setzten Johannes Daniel Falk, dem Philanthropen und Schriftsteller, 1913 dieses Denkmal, das der Kunstprofessor Gottlieb Elster geschaffen hat. Die Büste erinnert an den Pädagogen, der auch zum Lebenskreis Goethes gehörte. Der Legationsrat Falk war ein vorzüglicher Maître de plaisir und organisierte die Maskenzüge an den Geburtstagen der Herzogin Louise. Er hat *Goethe aus näherem, persönlichem Umgang dargestellt* in einem kleinen, noch heute lesenswerten Buch, das unter diesem Titel 1832 nach Falks und Goethes Tod, herauskam.

⑬ Das Haus von Johann Joseph Schmeller Graben 33

Gegenüber der Teichgasse fällt ein gut proportioniertes Haus aus dem frühen 19. Jahrhundert auf. Dort lebte Johann Joseph Schmeller (1794–1841), ein »Maler im Dienste Goethes«. Er wirkte im Übergang vom Klassizismus zum bürgerlichen Realismus und verdient, wie sein Biograph Willy Handrick schrieb, »einen Ehrenplatz in der Geschichte der klassischen deutschen Literatur«. Goethe beauftragte ihn 1824, seinen Lebenskreis nach und nach zu porträtieren. So entstand bis zu Goethes Tod eine eindrucksvolle Folge von 150 Porträtzeichnungen in Kreide, die das spätklassische Weimar in einer einzigartigen Galerie vermitteln. Schmeller hat auch Goethe selbst mehrfach porträtiert. Sein bekanntestes Bild hängt in der Weimarer Bibliothek: *Goethe im Arbeitszimmer, seinem Schreiber John diktierend* (1831).

Wir gehen nun den Graben in östlicher Richtung entlang, bewundern die imposanten Jugendstilfassaden, die die Häuserzeile zu einer besonderen Attraktion machen, Beispiele für eine Baukultur zu Beginn unseres Jahrhunderts, die man im allgemeinen in Goethes Weimar nicht erwartet. Wir gehen an dem Löwenbrunnen vorbei und finden am Ende der Häuserzeile, nachdem wir die Jakobstraße überquert haben, zwei mit reichem Schmuck verzierte Häuser (Graben 13 und 15) aus dem 18. Jahrhundert, die an den früheren Gasthof »Zum Löwen« erinnern.

Wir wenden uns nach rechts und gehen durch die Marstallstraße, an dem gewaltigen, heute das Staatsarchiv beherbergenden Marstallgebäude entlang, das Ferdinand Streichhan 1873/78 an der Stelle erbaute, wo früher das Vorwerk und später das Hospital stand.

⓮ Gedenktafel für Johannes Daniel Falk an der Marstallstraße

Wieder werden wir auf den Dichter und Pädagogen Johannes Daniel Falk durch eine oberhalb in die Mauer eingelassene Tafel verwiesen. Die Situation ist kaum noch zu erkennen: Wir befinden uns an der Rückfront des »auf der Mauer« erbauten Lutherhofs, der zu Falks Zei-

Der Lutherhof, um 1825.

ten offenkundig an dieser Stelle durch das heute noch vorhandene Tor betreten wurde. Fünf Säulen standen auf der Mauer und schmückten das große Gebäude, wie man auf einem alten Stich noch erkennen kann.

⑮ Das Haus Marstallstraße 3

Am Ende der Marstallstraße, über eine Rampe zu erreichen, steht das Wohnhaus des jüdischen Bankiers Dr. jur. Hermann Moritz (1820–1885), das sich durch einen noblen Eingangsbereich auszeichnet. Daneben befindet sich ein hochgelegener Garten mit einem Pavillon, der an das Anwesen des Kirms-Krackow-Hauses grenzt. Das Gebäude wurde noch von den Nationalen Forschungs- und Gedenkstätten der klassischen deutschen Literatur restauriert und dient nun den Forschern der Stiftung Weimarer Klassik als Arbeitsstätte. *Rechter Hand mündet trichterförmig die Vorwerkgasse ein, und wir werfen einen Blick zurück zur Altstadt. Vor dem zweiten, kleinen zweigeschossigen Haus auf der linken Seite bleiben wir stehen.*

⑯ Die Wohnung der Familie Melos Vorwerkgasse 4

In diesem Haus heiratete der schon eingangs zitierte Ferdinand Freiligrath (1810–1876) 1841 Ida Melos, die Tochter des Weimarer Gymnasialprofessors J. G. Melos (1770–1828). Einige Zeit lebte der Dichter in dem Hause, und wie es ihm in Weimar erging, hat er in einem Brief geschildert: »Die Bibliothek ist bis jetzt der interessan-

Die Vorwerkgasse, um 1930.

teste Punkt für mich in Weimar. Zwischen Büsten und Bildern all der famosen Kerle aus Weimars Glanzepoche wird's einem ganz wohl zumute. Man meint, sie wären selbst noch da, man sieht Schiller sinnend am Fenster lehnen, Herder und Wieland schreiten Arm in Arm zwischen den Repositorien, und die Treppe herauf schallt fest und gebieterisch der Imperatortritt des Alten, Einzigen! Es ist doch ein superbes merkwürdiges Nest, dies Weimar; nur, glaub ich, werde ich mehr in seiner Vergangenheit schwelgen als in seiner Gegenwart.«

Wir kehren um – vor uns liegt der südliche und westliche Teil des Schlosses –, gehen an der Front des Marstallgebäudes entlang und kommen dann links zu dem kleinen, idyllischen Kegelplatz, an dem wir vor dem hübschesten Haus in der Ecke verweilen wollen.

Johann Carl August Musäus. Ölbild
von Johann Ernst Heinsius, um 1780.

⑰ Das Wohnhaus von Johann Karl August Musäus Kegelplatz 4

Das idyllische Eckhaus bewohnte zur Goethezeit ein beliebter Schriftsteller der Aufklärung, dessen *Volksmärchen der Deutschen*, zuerst 1782–1786 erschienen, in dem kleinen Weimar ebenso großes Aufsehen erregten wie die vier Jahre vorher erschienenen *Physiognomischen Reisen*, in denen er Lavaters übertriebene physiognomische Deutungen verspottete.

Dieser Musäus war eine liebenswerte und humorvolle Persönlichkeit: »Stundenlang erschütterte er das Zwerchfell seiner Freunde, wenn er mit der gutmütigsten und trockensten Laune von der Welt anfing, sich über sich selbst oder seine Frau lustig zu machen. Unnachahmlich war seine Art und Weise, die geringfügigste Kleinigkeit zu einer drolligen Erzählung auszuspinnen.«

⑱ Das Albert-Schweitzer-Denkmal auf dem Kegelplatz

In dem Musäus-Haus befindet sich heute eine Gedenkstätte für Albert Schweitzer. Dem in der DDR besonders verehrten großen Humanisten, Arzt und Musiker Albert Schweitzer (1875–1965) setzte man ein realistisches Denkmal, das den Urwalddoktor in Lambarene darstellt. Seine Goethe-Reden weisen ihn als großen Goethe-Kenner aus.

Wir verlassen den Kegelplatz, überqueren die Straße vor der alten Kegelbrücke und kommen am Rande des Parks wieder zu einem Denkmal.

⑲ Das Denkmal für Adam Mickiewicz

Goethe hatte schon zu seinen Lebzeiten ein bedeutendes Echo im Westen wie im Osten. Franzosen, Engländer, Polen und Russen, Tschechen und Ungarn waren bei ihm zu Gast. In der DDR fühlte man sich den sozialistischen Ländern besonders eng verbunden. Deshalb setzte man gerade den osteuropäischen Dichtern in Weimar Denkmäler. Adam Mickiewicz (1798–1855), der polnische Nationaldichter, dessen romantische Werke noch heute in Polen viel gelesen werden, war ein großer Goethe-Verehrer, der den Alten in Weimar 1829 besuchte. Aus Zuneigung zu Maria Szymanowska, der großen Pianistin, der Goethe eine der *Marienbader Elegien* 1823 gewidmet hat und deren Tocher Mickiewicz heiratete, schickte er dem Emigranten eine eingeschriebene Feder mit einer Widmung nach Paris: »An den Dichter Adam Mickiewicz.

Dem Dichter widm' ich mich, der sich erprobt / Und unsre Freundin heitergründlich lobt.«

Wir gehen in südlicher Richtung weiter, rechts liegt das Schloß, links die Ilm, das Flüßchen, an dem Weimar liegt. Wir stehen dann auf der Sternbrücke, die uns den Blick zum Garten am Stern und zum Park an der Ilm zum erstenmal freigibt.

⑳ Der Park an der Ilm

Vor uns liegt die jedem Goethefreund vertraute Parklandschaft. Der Garten am Stern und der sich zum Frauentor hin erstreckende sogenannte Wälsche Garten waren abgeschlossene, nur dem Hof zugängliche prachtvolle Barockanlagen gewesen, die Goethe und Carl August nach und nach auflösten und in einen englischen Park einfügten, der sich an der Ilm bis kurz vor Oberweimar hinzog. Hinter dieser bedeutenden Umwandlung stand Rousseaus Auffassung von der Rückkehr zur Natur ebenso wie C. C. L. Hirschfelds *Theorie der Gartenkunst.*

Der Park an der Ilm entstand in den stürmischen Jahren Carl Augusts und Goethes zwischen 1776 und 1786: Die Jahre der Freundschaft und der begeisterten Naturliebe sind uns in den berühmt gewordenen Gedichten und den stimmungsvollen Landschaftszeichnungen Goethes vertraut geblieben. In den Häusern und Denkmälern im Park leben diese Jahre fort.

Die Schönheit und Ruhe, Lebenskraft und Lieblichkeit des Weimarer Parks haben Goethe und seine Freunde im-

Die Sternbrücke im Park an der Ilm.

mer von neuem erlebt und empfunden. Und nach Goethes Tod hat diese Faszination eher zugenommen als abgenommen. Adolf Stahr war vor 150 Jahren der erste, der den Reiz des Parks an der Ilm beschrieben hat: »Keine Mauer umschließt, kein Gitter umgrenzt diese liebliche Schöpfung Goethes und Carl Augusts, an welche ein halb Jahrhundert später der große Meister der Park- und Gartenkunst, Fürst Pückler, die letzte Hand gelegt hat. Wie Stadt und Park ineinander gehen, so verlieren sich auch Park, Feld und Wald nach allen übrigen Seiten ineinander, und da das Auge nie und nirgends an eine Trennung, an ein Aufhören durch irgendeine Schranke erinnert wird, so überkommt uns in dem engen Raume, den die eigentlichen Parkanlagen einnehmen, ein Gefühl unbegrenzter Freiheit. Carl August fühlte ebenso menschlich als künstlerisch, da er nach Vollendung seines Parks alle Eingänge, Brücken und Stege für jedermann öffnete.«

Wir wollen es dem Spaziergänger überlassen, sich die Schönheiten des Parks an der Ilm zu erschließen, und beschränken uns darauf, die Wege zu weisen und die denkwürdigen Plätze zu zeigen. Man wird, wenn die Zeit reicht, wiederkommen und so allmählich die Einzigartigkeit der Verbindung von Gartenkunst und Goethescher Dichtung begreifen lernen.

Wir gehen nun über die Sternbrücke und steigen nach links zum Fluß hinab. Über uns spannt sich die steinerne, wuchtige Brücke. Wir gehen an dem kleinen Zufluß links weiter und kommen an zwei denkwürdige Ruheorte, die dem Park Charakter und Bedeutung gaben.

㉑ Die Sphinxgrotte

Die an dem Hang liegende steinerne Grotte wurde zu Goethes Zeiten am Ende des Parks angelegt; in der Höhle wurde 1786 eine Sphinx von Gottlieb Martin Klauer nach den Entwürfen von Georg Melchior Kraus aufgestellt. Es heißt, daß Franz Liszt, der in der nahen Altenburg wohnte, hier seinen Lieblingsplatz hatte.

㉒ Die Läuterquelle

Ganz in der Nähe ist eine Quelle zu sehen: Das Wasser fließt zwischen aufgeschichteten Felsbänken hindurch. Auch diesen Ort zu betrachten, gehört zum Programm der Parkspaziergänge. *Wir befinden uns am nördlichen Ende des Parks, am Stern, einem Rest der früheren barocken Gartenanlage, an dem die Wege des Parks zusammenliefen. An diesem Rondell gehen wir nach rechts und kommen so zur Ilm zurück: Jenseits des Flusses liegt ein Gebäude.*

Die Sphinxgrotte.

Die Naturbrücke im Park.

㉓ Das frühere Reithaus

Das Barockhaus, das auch zur früheren Gartenanlage gehörte, wurde 1803/4 von Heinrich Gentz im Zuge des Schloßbaus in ein klassizistisches Gebäude umgewandelt. Die Mauerbögen und die Sprossenfenster geben dem Haus eine aparte, vornehme Note: Es diente lange als Ministerialgebäude und wurde in den letzten Jahrzehnten in der DDR als »Haus der jungen Pioniere« der Jugend überlassen.
Wir gehen in südlicher Richtung am Wasser entlang und erreichen bald die weiße Holzbrücke, die über die Ilm führt. In der Ferne sehen wir Goethes Gartenhaus liegen.

㉔ Die Naturbrücke

Die Brücke über die Ilm verbindet das flache Ostufer mit dem benachbarten ansteigenden Westufer. Als Goethe den Park in Besitz nahm, führte ein schmaler

Steg über die Ilm, Floßbrücke genannt. Der Dichter hat sie mehrfach gezeichnet.

Hier trat dem aus Italien zurückgekehrten Goethe 1788 ein junges Mädchen – ein Blumenmädchen, das in Bertuchs Manufaktur arbeitete – mit einer Bittschrift für ihren Bruder entgegen: Christiane Vulpius. Auf dem Wege durch den Park wird man an diese denkwürdige Begegnung erinnert.

Wir wollen, ehe wir zum Goetheschen Gartenhaus hinübergehen, die berühmten Orte und Plätze betrachten, die oberhalb der Brücke liegen: Zuerst wenden wir uns nach links und steigen ein paar Stufen zum Borkenhäuschen hinauf. Dann gehen wir zurück, finden das »Felsentor« und steigen durch dieses sogenannte Nadelöhr auf die etwas höher gelegene Seite des Parks hinauf.

㉕ Das Borkenhäuschen, auch Louisenkloster genannt

Wie dieser Ort die Urzelle des weimarischen Parks wurde, hat Goethe in seiner Skizze *Das Louisenfest* eingehend erzählt, das am 9. Juli 1778, dem Namenstag der Herzogin, an dem hohen Ufer improvisiert wurde. Die Ilm war wieder einmal über ihre Ufer getreten, und so wurde »in drei Tagen und Nächten« neben dem alten Gemäuer mit einem verfallenen Türmchen »eine sogenannte Einsiedelei, ein Zimmerchen mäßiger Größe, welches man eilig mit Stroh überdeckte und mit Moos bekleidete«, zusammengezimmert. Als die Hofgesellschaft eintraf, stellten sich ihr Mönche, »in weiße, höchst reinliche Kutten, Kappen und Überwürfe« gekleidet, in

Das Borkenhäuschen im Park. Kolorierter Stich von Georg Melchior Kraus, 1788.

den Weg und führten ein geistreiches Dramolett auf. Der Hof wurde in die mönchische Szene einbezogen, und dann sah man »hoch überwölbt und beschattet von den Ästen des Eschenrundes, eine lange, wohlgeschmückte, fürstliche Tafel«, und Goethe schließt: »Das Ganze war künstlerisch abgeschlossen, alles Gemeine durchaus beseitigt; man fühlte sich so nah und fern vom Hause, daß es fast einem Märchen glich.«

An diesen Ort kehrte der junge Herzog gern zurück: Er ließ die Einsiedelei, die nach der Herzogin Louisenkloster genannt wurde, zu einem Borkenhäuschen ausgestalten, in dem er in jenen Jahren manchmal übernachtete und so Goethe in seinem Gartenhaus zuwinken konnte.

㉖ Das Felsentor, die Felsentreppe, auch das Nadelöhr genannt

Auch diesen Ort hat Goethe geschaffen. Es war ein tragischer Anlaß: Am 18. Januar 1778 hatte Christel von Laßberg, die junge Tochter eines Offiziers, aus Liebeskummer den Tod in der Ilm gesucht, Goethes Diener hatten die Leiche am andern Morgen aus dem Fluß geborgen. Goethe war bestürzt, zumal das Mädchen den *Werther* bei sich hatte, er wollte der Toten ein Andenken stiften, und in einem Brief an Charlotte von Stein erzählt er, was er tat: »Es waren Arbeiter unten, und ich erfand ein seltsam Plätzgen, wo das Andenken der armen Christel verborgen stehen wird ... Ich hab mit Jentschen ein gut Stück Felsen ausgehöhlt, man übersieht von da, in höchster Abgeschiedenheit, ihre letzten Pfade und den Ort ihres Tods. Wir haben bis in die Nacht gearbeitet, zuletzt noch ich allein bis in ihre Todesstunde. Es war ebenso ein Abend.« So entstand das Felsentor, das in die Umgestaltung des Parks, die 1778 begann, einbezogen wurde.

Nachdem wir die Höhe mit wenigen Stufen über die Felsentreppe erklommen haben, erblicken wir links die künstliche Ruine und rechts die Reste des Tempelherrenhauses.

㉗ Die künstliche Ruine

Im Zuge der Parkgestaltung wurde 1784 der alten Schießmauer oberhalb des Borkenhäuschens das Aussehen einer Ruine gegeben: Solche Mauerreste sollten den Betrachter an den Verfall der Welt melancholisch erinnern. Auch beflügelte eine Ruine die Phantasie: »Wir ersteigen die vor uns liegende steinerne Treppe und glauben, die traurigen Überreste einer Burg vor uns zu sehen, worin weiland ein ehrenfester Ritter mit seiner ganzen Sippschaft hauste und welche der Neid und die Habsucht eines mächtigeren Nachbarn in diesen schaudererregenden Steinhaufen verwandelte«, heißt es 1797 in einer Parkbeschreibung »besonders für Reisende«.

㉘ Das Tempelherrenhaus

Der künstlichen Ruine gegenüber steht das durch eine Bombe weitgehend zerstörte sogenannte Tempelherrenhaus. Nur die Fassade ist erhalten geblieben. Das alte Bauwerk in dem Wälschen Garten wurde 1786/87 zu einem Gesellschaftshaus des Hofes umgebaut, einem Salon, in dem viele Feste gefeiert wurden. Durch Gottlieb Martin Klauer erhielt das Gebäude seinen heutigen Namen, denn vier Figuren, hoch angebracht, erinnerten an Tempelherren. Später erhielt der Bau durch weitere Umgestaltungen eine gotische Form. Im Tempelherrenhaus fanden oft Konzerte statt. Hier musizierte Franz Liszt und später sein Schüler Ferruccio Busoni. Zur Zeit des Bauhauses in Weimar diente es als Maleratelier. Hier feierte Johannes Itten, einer der Begabtesten unter den abstrakten Künstlern, mit seinen Freunden Feste.

Wir folgen nun dem Weg durch den Park oberhalb der Ilm und sehen vor uns den Dessauerstein.

Das Tempelherrenhaus heute.

Ferruccio Busoni im Tempelherrenhaus, in dem er 1901/02 Musikkurse gab.

㉙ Das Denkmal für Leopold Friedrich Franz Fürst zu Dessau
Für Carl August und Goethe war der Wörlitzer Park bei Dessau, den der dortige Fürst Leopold Friedrich Franz zu Anhalt-Dessau (1740–1817) angelegt hatte, Vorbild für die eigene Landschaftsgestaltung. So war es sinnvoll, den mächtigen, aufgerichteten Felsen in diesem Teil des Parks 1787 mit einer lateinischen Tafel und der Inschrift »Francisco Dessaviae Principi« zu versehen. Dadurch wollte man die Verbundenheit Weimars mit Dessau zum Ausdruck bringen. Auch dieses Denkmal wird man als ein Zeichen freundschaftlicher Beziehungen der kleinen aufgeklärten Fürstenhöfe untereinander deu-

ten können, an denen die bürgerliche Kultur absolutistische Repräsentationsbedürfnisse nach und nach verdrängte. *Wir gehen den gleichen Weg zurück bis zur Gabelung, halten uns nach rechts, gehen so den unteren Weg zurück und kommen an zwei Denkmälern vorüber.*

㉚ Der Schlangenstein
Das Denkmal mit der Inschrift »Genio huius loci« – dem guten Geist dieses Ortes – hat Gottlieb Martin Klauer 1787 im Auftrag Carl Augusts geschaffen. Die den Stein umringelnde Schlange ist immer wieder neu gedeutet worden. »Uns scheint es am rätlichsten, sich an römische Vorstellungen und Vorbil-

der zu halten: die Schlange als Schutz und Lebensgeist eines Ortes, auch als Symbol der Fruchtbarkeit und der alljährlichen Erneuerung« (W. Huschke/ W. Vulpius). Übrigens steht an der Stelle heute die Kopie. Das Original befindet sich im Garten von Goethes Gartenhaus.

③ Das Shakespeare-Denkmal

Vor der künstlichen Ruine wurde 1904 dieses von Otto Lessing aus Marmor geschaffene, neuromantische Denkmal für William Shakespeare enthüllt, das an den englischen Dramatiker erinnern soll, der von den Klassikern in Weimar hoch verehrt wurde.

Einige Stufen führen uns hinab zum Borkenhäuschen und zur Naturbrücke, über die wir jetzt gehen, um zu Goethes Gartenhaus zu gelangen.

Der Schlangenstein.

Das Shakespeare-Denkmal.

③ Goethes Gartenhaus im Park am Stern

Übermütig sieht's nicht aus,
Hohes Dach und nied'res Haus;
Allen, die daselbst verkehrt,
Ward ein guter Mut beschert.

Was Goethe 1828 niederschrieb, hatte ihn während eines halben Jahrhunderts bewegt. Das Gartenhaus, das er 1776 als Geschenk des Herzogs in Besitz nahm, in dem er in seiner Weimarer Frühzeit einige Jahre verbrachte und in das er sich später oft zurückzog, wenn es ihm im Haus am Frauenplan zu unruhig wurde – dieses schlichte Haus mit dem hohen Dach, umgeben von einem idyllischen Garten, war einer der Lebensorte des Dichters, den jeder Besucher Weimars kennt. Hier zwischen einfachen Möbeln wohnte Goethe, wenn er mit sich allein sein wollte; hier schrieb er die glühenden Briefe an Charlotte von

Übermüthig sieht's nicht aus
Dieses stille Gartenhaus

Allen die darin verzehrt
Ward ein guter Muth beschert
Goethe 1828.

**Goethes Gartenhaus. Kupferstich von Ludwig Schütze
nach einer Zeichnung von Otto Wagner, 1827.**

Stein, der er schon 1782 im Garten an dem Platz, an dem man so gern verweilte, mit der berühmt gewordenen Inschrift ein Denkmal setzte: »Hier im Stillen gedachte der Liebende seiner Geliebten; / Heiter sprach er zu mir: werde mir Zeuge, du Stein! / Doch erhebe dich nicht, Du hast noch viele Gesellen; / Jedem Felsen der Flur, die mich, den Glücklichen, nährt, / Jedem Baume des Walds, um den ich wandernd mich schlinge: / Denkmal bleibe des Glücks! ruf ich ihm weinend und froh / Doch die Stimme verleih' ich nur dir, wie unter der Menge / Einen die Muse sich wählt, freundlich die Lippen ihm küßt.«

Die Bank im Goetheschen Garten und der Stein des guten Glücks am Ende des Weges – der Kubus mit der Kugel darauf – sind Symbole eines von Glück und zugleich Resignation geprägten Lebens.

Erinnert sei auch daran, daß der aus Italien zurückgekehrte Goethe in den ersten Jahren mit Christiane Vulpius in diesem Hause lebte, der Geliebten, die er zu sich nahm, nachdem sie ihm im Park begegnet war.

Im Gartenhaus verkehrten Goethes Jugendfreunde und die Besucher seiner letzten Lebensjahre. Hier las er mit einem englischen Gast, Henry Crabb Robinson, im Sommer 1829 die Werke des so hoch geschätzten Lord Byron. Hier studierte der Naturforscher die

Der junge Goethe. Ölbild von Georg Melchior Kraus, 1775/76.

Wolkenbildungen und die Mondwechsel. Ihn beschäftigte »das Ein- und Ausatmen der Erde nach ewigen Gesetzen«. Unser Gewährsmann, Johann Peter Ekkermann, fährt fort: »Während er mich so über höhere Dinge belehrte, gingen wir in dem breiten Sandwege des Gartens auf und ab. Wir traten in die Nähe des Hauses, das er seinem Diener aufzuschließen befahl, um mir später das Innere zu zeigen. Die weiß abgetünchten Außenseiten sah ich ganz mit Rosenstöcken umgeben, die, von Spalieren gehalten, sich bis zum Dach hinaufgerankt hatten... Goethe führte mich darauf in das Innere des Hauses, das ich vorigen Sommer zu sehen versäumt hatte. Unten fand ich nur ein wohnbares Zimmer, an dessen Wänden einige Karten und Kupferstiche hingen; desgleichen ein farbiges Porträt Goethes in Lebensgröße, und zwar von Meyer ge-

Charlotte von Stein. Bleistiftzeichnung. Vermutlich Selbstbildnis, um 1780.

Arbeitszimmer in Goethes Gartenhaus.

malt bald nach der Zurückkunft beider Freunde aus Italien. Goethe erscheint hier im kräftigen mittleren Mannesalter, sehr braun und etwas stark. Der Ausdruck des wenig belebten Gesichtes ist sehr ernst; man glaubt einen Mann zu sehen, dem die Last künftiger Taten auf der Seele liegt.
Wir gingen die Treppe hinauf in die oberen Zimmer; ich fand deren drei und ein Kabinettchen, aber alle sehr klein und ohne eigentliche Bequemlichkeit. Goethe sagte, daß er in früheren Jahren hier eine ganze Zeit mit Freuden gewohnt und sehr ruhig gearbeitet habe.« Auch wir wollen wie Eckermann an der Seite Goethes in dem Gartenhaus verweilen, das schon zu Lebzeiten des Dichters zu einem Nationalheiligtum wurde: Kein Haus ist häufiger abgebildet als dieses Gartenhaus im Weimarer

Park. Wir betreten das Arbeitszimmer mit dem seltsamen Hocker, der wie ein Reitersitz aussieht. Hier schrieb Goethe berühmte Gedichte, hier skizzierte er schon 1777 die Anfänge von *Wilhelm Meisters Lehrjahren*, entwarf seine klassischen Dramen, die *Iphigenie* und den *Tasso*. Man kann sich in die Betrachtung der Bilder, der Karten, der Silhouetten, der Möbel, der Kamine, der Gerätschaften vertiefen.

Wieder treten wir in den Garten. Eckermann berichtet: »Ganz nahe dabei kamen wir auf eine Baumgruppe halbwüchsiger Eichen, Tannen, Birken und Buchen. Unter den Tannen fand ich ein herabgeworfenes Gewölle eines Raubvogels; ich zeigte es Goethen, der mir erwiderte, daß er dergleichen an dieser Stelle häufig gefunden, woraus ich schloß, daß diese Tannen ein beliebter Aufenthalt einiger Eulen sein mögen, die in dieser Gegend häufig gefunden werden. Wir traten um die Baumgruppe

herum und befanden uns wieder an dem Hauptwege in der Nähe des Hauses. Die soeben umschrittenen Eichen, Tannen, Birken und Buchen, wie sie untermischt stehen, bilden hier einen Halbkreis, den innern Raum grottenartig überwölbend, worin wir uns auf kleinen Stühlen setzten, die einen runden Tisch umgaben. Die Sonne war so mächtig, daß der geringe Schatten dieser blätterlosen Bäume bereits als eine Wohltat empfunden ward. ›Bei großer Sommerhitze‹, sagte Goethe, ›weiß ich keine bessere Zuflucht als diese Stelle. Ich habe die Bäume vor vierzig Jahren alle eigenhändig gepflanzt, ich habe die Freude gehabt, sie heranwachsen zu sehen und genieße nun schon seit geraumer Zeit die Erquickung ihres Schattens. Das Laub dieser Eichen und Buchen ist der mächtigsten Sonne undurchdringlich; ich sitze hier gerne an warmen Sommertagen nach Tische, wo denn auf diesen Wiesen und auf dem ganzen Park umher oft eine Stille herrscht, von der die Alten sagen würden: daß der Pan schlafe‹.«

Durch das schlichte weiße Tor haben wir das denkwürdige Haus und den Garten verlassen und gehen vorbei am Haus der Pogwisch-Familie.

⧳ Das Pogwischhaus am Stern

Das Nachbargrundstück neben Goethes Haus am Stern gehörte seit 1806 der Gräfin Ottilie Henckel von Donnersmarck (1750–1843), deren Tochter Henriette von Pogwisch (1776–1851) Hofdame der Herzogin Louise war. Ihre Tochter Ottilie wiederum kam mit der Familie des berühmten Nachbarn

Christiane Vulpius.
Bleistiftzeichnung von Goethe, 1788/89.

nicht nur in Berührung: Sie heiratete Goethes Sohn August. Ihre Kinder, die von Goethe so geliebten Enkel, waren oft in dem Gartenhaus zu Gast, das der Familie Pogwisch und auch den inzwischen erwachsenen letzten Nachkommen Goethes als Zuflucht diente.
An der nächsten Wegkreuzung wenden wir uns nach rechts, der Ilm zu und überqueren die Brücke.

🉠 Die frühere Duxbrücke

Die alte, 1819 errichtete Brücke, die das Gartenhaus Goethes und das Römische Haus Carl Augusts auf einem direkten Wege miteinander verband, ist leider nicht mehr vorhanden. An ihrer Stelle wurde ein wenig in die Landschaft passendes Brückenwerk gebaut, das den Übergang über die Ilm ermöglicht.
Vor uns sehen wir zwischen den Bäumen ein hochgelegenes, tempelartiges Gebäude, das Römische Haus, dessen Aufgang wir mit wenigen Schritten erreichen. Bevor wir die Stufen emporsteigen, lesen wir die Goetheschen Verse, auf einer Tafel in den Felsen eingelassen.

🉣 Die Verse an der Treppe zum Römischen Haus

Die ihr Felsen und Bäume bewohnet, o heilsame Nymphen, / Gebet jeglichem gern, was er im stillen begehrt! / Schaffet dem Traurigen Mut, dem Zweifelhaften Belehrung, / Und dem Liebenden gönnt, daß ihm begegne sein Glück / Denn euch gaben die Götter, was sie den Menschen versagten. / Jedem, der euch vertraut, hülfreich und tröstend zu sein.

🉤 Das Römische Haus

Berühmt wie Goethes Gartenhaus ist auch Carl Augusts Römisches Haus am Ausgang des Parks der Belvedere-Allee zu: höfischer Gegenpol zu dem bürgerlichen Hause und doch zugleich Spiegel des einfachen Lebens, das den Herzog und seinen Dichter gleichermaßen auszeichnete.

Gemeinsam haben Goethe und Carl August den Park an der Ilm gestaltet, und ihre beiden Sommerhäuser bewahren die Erinnerung an eine tiefe Freundschaft, die den Fürsten mit seinem Gefährten ein Leben lang, trotz mancher Entfremdung, verband. Goethe selbst brachte zunächst, nachdem im März 1792 der Grundstein zum Römischen Haus gelegt worden war, seine Ideen in die Planung des Schloßarchitekten Johann August Arens ein. Wie gern hatte Carl August dem Freunde die Gestaltung überlassen: »Den Bau des Gartenhauses übergebe ich Dir ganz. Da ich wünschte, bei meiner Rückkunft einen Ruheplatz fertig zu finden, so erzeige mir den Gefallen zu besorgen, daß endlich einmal der Plan des Dinges zustande komme, und schnell ausgeführt werde; ich muß, um die Landschaftskassen zu schonen, alle neuen Bauten übers Jahr einstellen; diesen Ruheort möchte ich aber nicht darein begreifen. Wenn man so lange abwesend war, möchte man doch gerne sich endlich sicher wohin setzen. Im Plane sind die Feuerungen schlecht und ganz unbrauchbar angebracht, diese müssen geändert werden. Nimm Dich der Sache ernstlich an; Bertuch kann nach wie vor das Detail dabei besorgen: ich werde Schmidten anweisen, daß nichts zum

Das Römische Haus. Zeichnung von Robert Bauer.

Bau dieses Hauses fehle. Decke es, womit und wie Du willst und tue, als wenn Du für Dich bautest; unsere Bedürfnisse waren einander immer ähnlich«, schrieb der Herzog am 27. Dezember 1792 aus Frankfurt.

So entstand das erste klassizistische Gebäude in Weimar, Ergebnis der Begegnung Goethes mit der Antike in Italien. Carl August liebte das Haus. Hierher zog er sich gern zurück. Es ist in einem klaren klassizistischen Stil gehalten. Weimarer Künstler haben daran mitgewirkt. Schon das Äußere, die Säulenhalle und das vom Bildhauer Johann Peter Kaufmann geschaffene Giebelrelief – der geflügelte Genius, der Kunst und Wissenschaft, Ackerbau und Gartenkunst schützt –, gibt dem Römischen Haus sein majestätisches Aussehen.

Denkwürdig war der frühe Morgen des 3. September 1825: 50 Jahre zuvor hatte Carl August seine Regierung angetreten. Nun wurde die Feier unter allgemeiner Beteiligung der Bevölkerung begangen: Man hatte Medaillen geprägt und Festgedichte geschrieben, Deputationen kamen, um dem Großherzog zu gratulieren. Doch der erste Gast, der morgens um 6 Uhr dem Fürsten gegenübertrat, war Goethe, der so bewegt war, daß er seine Glückwünsche kaum zum Ausdruck bringen konnte.

Drei Jahre später wurde hier der Leichnam von Carl August, der auf einer Reise in der Nähe von Torgau gestorben

Großherzog Carl August vor dem Römischen Haus.
Ölbild von F. Jagemann, 1815.

war, aufgebahrt. Goethe war so ergriffen, daß er sich nach Dornburg zurückzog, um noch einmal neue Lebenskraft zu finden.

In dem Römischen Haus aber ist Carl August, die noble Gestalt dieses sympathischen, klugen und souveränen Fürsten, bis heute lebendig geblieben.

Der Spaziergang von dem Römischen Haus, dessen Räume wir in Muße betrachten konnten, führt auf dem geraden Weg durch den Park zurück, vorbei an zwei Denkmälern.

㊲ Das Denkmal für Sandor Petöfi

Die Gedenkbüste für den ungarischen Nationaldichter Sandor Petöfi (1823–1849) wurde 1976 von den Nationalen Forschungs- und Gedenkstätten der klassischen deutschen Literatur im Park aufgestellt. So soll auch die Erinnerung an die ungarische Dichtung im klassischen Weimar gegenwärtig sein. Vielleicht ist es an der Zeit, auch englische und französische Goetheverehrer, wie beispielsweise dem Lord Byron oder Thomas Carlyle, Madame de Staël oder Baron Cuvier in Goethes Weimar zu ehren.

㊳ Das Denkmal für Franz Liszt

Wir kommen vorbei an der Denkmalanlage für Franz Liszt, die der Münchner Bildhauer Hermann Hahn 1902 geschaffen hat. Es erinnert uns daran, daß Weimar nicht nur eine Stadt der Dichtung und der Malerei, der Architektur und Bildhauerkunst war, sondern auch eine reiche musikalische Tradition von den Zeiten Johann Sebastian Bachs an besaß. Auch in Goethes Haus wurde regelmäßig musiziert. Seine Freundschaft mit Zelter ist bekannt und auch zu den Kapellmeistern Franz Carl Adalbert Eberwein und Johann Nepomuk Hummel. Besonders faszinierte ihn das virtuose Klavierspiel des jungen Felix Mendelssohn-Bartholdy, der ihm immer wieder vorspielen mußte. Mit Franz Liszt begann ein neuer Abschnitt im Musikleben Weimars.

Unser Spaziergang führt uns zur Stadt zurück. Vor uns liegt das Haus der Frau von Stein, das wir schon von fern her, wie in den Boden versunken, sehen können.

㊴ Das Haus der Frau von Stein Ackerwand 25

Das langgestreckte Haus mit den beiden Vorbauten am Ende wurde zu Goethes Zeiten im ersten Geschoß auf der westlichen Seite von dem Oberstallmeister von Stein, auf der östlichen von dem Oberforstmeister von Wedel mit ihren Familien bewohnt. In dem Teil, vor dem noch heute der alte schöne Brunnen steht, wohnte Charlotte von Stein von 1776 bis zu ihrem Tode am 26. Januar 1827. Ein halbes Jahrhundert hat die von Goethe so sehr geliebte Frau hier in seiner unmittelbaren Nachbarschaft gelebt. Aus der innigen Freundschaft war nach Goethes Rückkehr aus Italien Entfremdung geworden, die sich zeitweilig bei Frau von Stein zu Haß steigerte. Wenn in Weimar über den einstigen Freund böser Klatsch umging, so waren daran viele Jahre hindurch Charlotte von Stein und Caroline Herder beteiligt. Später wandelte sich diese Ent-

Das Haus der Frau von Stein, um 1950.

fremdung zu höflicher Umgangsform. Doch nie hat Charlotte von Stein die Kränkung überwunden, daß Goethe sich von ihr entfernt hatte. Dennoch: Die Briefe, die man einander zurückgegeben hatte, sind eines der schönsten Zeugnisse der Goethezeit. Bedauerlich, daß Frau von Stein die ihren verbrannt hat.

Bevor wir zum Fürstenhaus zurückgehen, betrachten wir auf der gegenüberliegenden Seite noch ein Denkmal.

trachten. Am Ausgang erinnert das Monument für Alexander Puschkin (1799–1837) an einen der großen russischen Dichter des 19. Jahrhunderts. Die russische Kultur war Goethe vertraut. Besonders war es wohl der Umgang mit Maria Pawlowna und ihrem Hofstaat, der ihm viele Kenntnisse über das Zarenreich vermittelte.

Wir kehren nach einigen Schritten zum Fürstenhaus und zum Denkmal Carl Augusts zurück.

⓵ Das Denkmal für Alexander Puschkin

Am Eingang des Parks im Norden konnten wir hinter dem Schloß das Denkmal für den polnischen Nationaldichter Alexander Mickiewicz be-

Ehemalige Kunstschule, nach den Plänen von Henry van de Velde 1904 bis 1911 erbaut.

Vierter Spaziergang
Das alte und neue Weimar

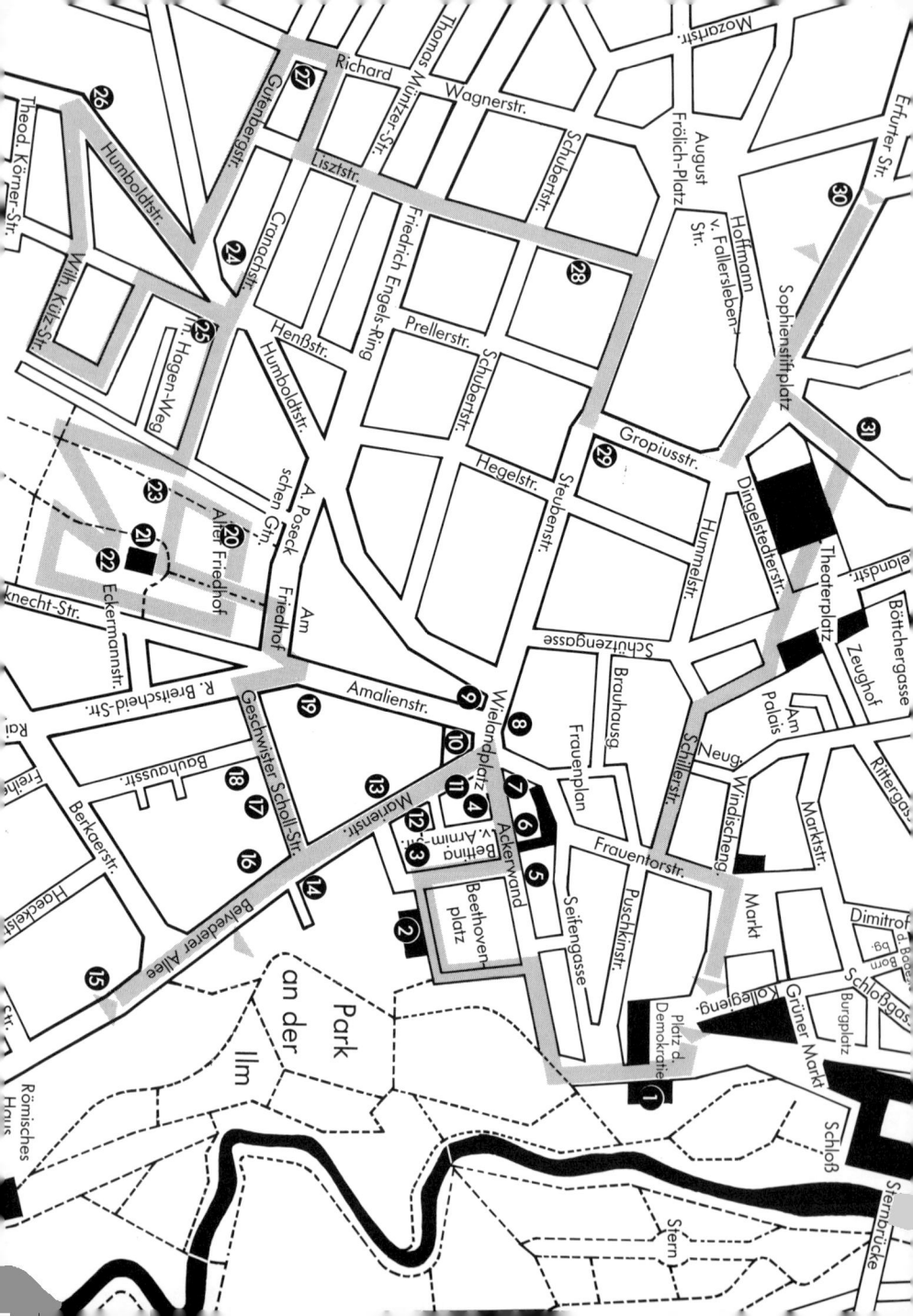

Auf drei Spaziergängen haben wir den größeren Teil von Goethes Weimar kennengelernt: die klassischen Stätten, die denkwürdigen Gebäude, Kirchen und Schlösser. Auch sind wir den Namen von Goethes Freunden, Amtskollegen, Zeitgenossen immer wieder begegnet. Auf unserem vierten Spaziergang werden wir Gelegenheit finden, diese Kenntnisse zu vertiefen und zugleich in den Außenbezirken dem neuen Weimar des 19. und beginnenden 20. Jahrhunderts zu begegnen.

Wir nehmen wieder Carl Augusts Denkmal zum Ausgang: Nur wenige Schritte sind es zum Grünen Schloß am Rande des Parks, das wir zuerst besichtigen wollen.

❶ Das Grüne Schloß, die Weimarer Bibliothek

Hätte nicht die Herzogin Anna Amalia 1761 den Entschluß gefaßt, das Grüne Schloß zu einem praktischen Bibliotheksgebäude umzubauen, wären die reichen Bücherbestände bei dem Brand des Schlosses 1774 in Flammen aufgegangen. So wurden sie unbeabsichtigt gerettet und in dem umgebauten, innen und außen weiß gestrichenen Grünen Schloß, in einem dreigeschossigen Bibliothekssaal von besonderer Schönheit aufgestellt. Es ist nicht von der Hand zu weisen, daß die vor hundert Jahren zerstörte Bibliotheksrotunde in Wolfenbüttel, dem Geburtsort Anna Amalias, bei der Idee des prächtigen lichtdurchfluteten Raums mit den beiden Fensterfronten Pate gestanden hat.

Die Weimarer Bibliothek, eine der reichen Schatzkammern mittelalterlicher Handschriften und kostbarer alter Drucke in Deutschland, erhielt ihren ungewöhnlichen Rang durch Goethe, der 1797 gemeinsam mit seinem Ministerkollegen Christian Gottlob Voigt die Oberleitung übernahm, den störrischen

Bibliothek, links Fürstenhaus. Zeichnung von Ludwig Bartning, um 1910.

Bibliothekar J. C. F. Spilcker nach einigen Jahren fortschickte und in seinem Schwager Christian August Vulpius einen zuverlässigen und fleißigen Beamten fand. Mit seinen Unterbeamten führte dieser über drei Jahrzehnte an der Seite Goethes die Bibliotheksgeschäfte.

Der repräsentative Bibliothekssaal, den wir über eine steinerne Treppe erreicht haben, strahlt in den weißen Farben von Decke und Balustraden, Bögen und Regalen eine heitere Stimmung aus, die – auch dies ein Werk Goethes – durch die aufgestellten Büsten und die Porträts an den Wänden auf drei Ebenen noch unterstrichen wird. Die Fülle des klassischen kulturellen Lebens in Weimar ist in dieser künstlerischen Ausgestaltung aufs schönste lebendig. Es sind die Büsten und Bildnisse nicht nur von Goethe, Schiller, Wieland und Herder, Anna Amalia, Carl August und Louise, sondern auch von Knebel und Einsiedel, Bode und Musäus, Oeser und Lavater, Bertuch und Iffland und vielen anderen. Beherrschender Mittelpunkt ist das berühmte große Ölbild, das Ferdinand Jagemann von dem Großherzog Carl August gemalt hat.

Kostbare private Bibliotheken waren zu Goethes Zeiten hinzugekommen, darunter der bedeutende Bestand, den die Herzoginmutter, Anna Amalia, gesammelt hatte. Schon damals stand die Bibliothek der Öffentlichkeit zur Verfügung. Viele Weimarer Beamte und Gelehrte, aber auch Handwerker, Kaufleute und Schüler entliehen Bücher zur Belehrung und Unterhaltung. Goethe selbst war übrigens der intensivste Benutzer.

Da bald der Raum nicht mehr ausreichte, die Zugänge an Büchern aufzunehmen, wurde ein Trakt nach den Plänen von Heinrich Gentz von 1803 bis 1805 angebaut, zwei Jahrzehnte später der alte Stadtturm mit einer ungewöhnlichen Wendeltreppe einbezogen und schließlich noch 1849 ein neugotischer Zwischenbau angefügt.

Den Eindruck, den die Bibliothek auf die Besucher macht, schilderte schon Adolf Stahr vor 150 Jahren: »Von allen Denkmälern des weimarischen Geistes hat mir die Bibliothek den bedeutendsten Eindruck gemacht... Ich wüßte mich nicht zu erinnern, daß ich irgendwo in Deutschland in dieser Beziehung etwas ähnliches gesehen hätte. Der Gedanke, die Aufbewahrungsstätte literarischer Geistesschätze zugleich durch die porträtierende Kunst des Malers und Bildhauers an die Erinnerungen von Deutschlands glänzendster Literaturperiode zu knüpfen... ist ein so glücklicher, und die Art und Weise der Ausführung, bei geringen Mitteln, durch ein Zusammentreffen günstiger Umstände, eine so würdige zu nennen, daß man in diesem Betrachte unbedenklich diese Bibliothek von Weimar zu den gelungensten monumentalen Schöpfungen neuerer Zeit zählen kann.«

Inzwischen ist die Bibliothek erweitert und in der Funktion verändert worden. Sie war als Teil der Nationalen Forschungs- und Gedenkstätten der klassischen deutschen Literatur eine Zentralbibliothek der deutschen Klassik. Sie wurde 1991 in Herzogin Anna Amalia-Bibliothek umbenannt und ist heute mit ihren alten und kostbaren Beständen,

Der Bibliothekssaal, 1761 unter Anna Amalia entstanden.

nicht nur der Goethezeit, eine der Säulen der Stiftung Weimarer Klassik.

Nach dieser Besichtigung, die nur an bestimmten Tagen möglich ist, führt unser Weg an dem Bibliotheksgebäude mit seinen Anbauten entlang. Wir bleiben auf der Seite des Parks, sehen rechter Hand das Haus der Charlotte von Stein liegen und gehen durch die Anlagen zum nahen Beethovenplatz, dem früheren Alexanderplatz.

Die gegenüberliegende Häuserzeile, die Akkerwand, ist durch die klassizistischen Gebäude geprägt. Besonders eindrucksvoll ist das mächtige Doppelhaus Nr. 15/17 mit den Doppeltürmen, das C. W. Coudray 1845/47 baute.

❷ Das Staatsarchiv
Beethovenplatz 3

Den großen Platz beherrscht ein weißes Gebäude: das 1884 im Stil eines italienischen Palazzo erbaute Staatsarchiv, das damals die Akten des Fürstentums Sachsen-Weimar-Eisenach beherbergte. Heute noch werden dort die Archivalien aufbewahrt, während der Hauptbetrieb in die Marstallstraße verlegt wurde. Das Weimarer Staatsarchiv ist eine noch unausgeschöpfte Quelle zur Sozial-, Wirtschafts- und Kulturgeschichte der Goethezeit. Bis ins Detail läßt sich das Alltagsleben Weimars, das sich unter Goethes Augen abspielte, erforschen.

❸ Die Wohnung von
Franz Dingelstedt
Beethovenplatz 2

In dem in unmittelbarer Nähe des Archivs stehenden Privathaus mit dem

Das Haus von Franz Dingelstedt.

Ecktürmchen wohnte, wie die Tafel besagt, ein heute vergessener Schriftsteller des 19. Jahrhunderts: Franz Dingelstedt (1814–1881), der durch seine *Lieder eines kosmopolitischen Nachtwächters* unter den Intellektuellen im Vormärz Aufsehen erregt hat. Er wurde 1857 als Intendant an das Hoftheater nach Weimar berufen und ging durch seine Inszenierungen von Shakespeares Königsdramen in die Rezeptionsgeschichte des englischen Dramatikers in Deutschland ein. Für zehn Jahre prägte er das Theaterleben des nachklassischen Weimar.

An der Ackerwand, die wir in Richtung Wielandplatz entlang gehen, sehen wir uns einige Gebäude an.

❹ Das Haus von
Stephan Schütze
Ackerwand 9

Zum Freundeskreis Johanna Schopenhauers gehörte ein schüchterner, verwachsener, kleiner Schriftsteller, der Herausgeber von Taschenbüchern und Almanachen: Stephan Schütze (1771–1839), der in diesem Hause wohnte.

Goethe schätzte diese Randfigur im spätklassischen Weimar. Er war ein Original und wurde von Karl Immermann so charakterisiert: »Stephan Schütze hat über das Komische geschrieben, und er selbst ist eine komische Figur. Klein bis zum Exzess, jeder Zoll Beweglichkeit, rutschte er während der ganzen Konversation unaufhörlich auf seinem Stühlchen hin und her. Um das schmale Häuptlein standen ihm schwarze starre Haare, wie Nadelholz, Füße und Hände waren so lang, wie der Mensch zusammengenommen; er hat ganz das Ansehen eines Gnomen. Seine Bekannten in Jena und hier wissen viel von seinem possierlichen Egoismus zu erzählen. Um niemand in der Welt ändert er an seiner Tagesordnung und Lebensweise etwas. Diese besteht darin, daß er, wenn er nicht arbeitet, spazierengeht – wie er denn vom Mangel an Bewegung alle Übel ableitet – und außerdem dreimal den Tag über, jedesmal eine halbe Stunde schläft; nämlich vormittags elf Uhr, nachmittags zwei Uhr und abends noch einmal vor dem Schlafengchen.«

❺ Die Wohnung von Rudolf Steiner Ackerwand 4

In dem Haus »Ackerwand 4 bei Frau Moschach« – »Ich wohne hier unmittelbar hinter dem Goethehaus« – logierte im Sommer 1889 für vier Wochen Rudolf Steiner (1861–1925). Er schreibt darüber in seinen Erinnerungen: »Mein durch einige Wochen dauernder Aufenthalt in der Goethe-Stadt war für mich eine Festeszeit meines Lebens. Ich

hatte jahrelang in Goethes Gedanken gelebt; jetzt durfte ich selber an den Stätten sein, an denen diese Gedanken entstanden sind. Unter dem erhebenden Eindrucke dieses Gefühles verbrachte ich diese Wochen. Ich durfte nun Tag für Tag die Papiere vor Augen haben, auf denen Ergänzungen zu dem standen, was ich vorher für die Goetheausgabe der Kürschnerschen *National-Literatur* bearbeitet hatte.«

Von Herbst 1890 bis Frühjahr 1897 bereitete er die Herausgabe von Goethes naturwissenschaftlichen Schriften in der Zweiten Abteilung der Weimarer Ausgabe als Mitarbeiter des Goethe- und Schiller-Archivs vor. In dieser Zeit erhielt Steiner im Umgang mit den Goetheschen Handschriften entscheidende Anregungen zu der von ihm begründeten Anthroposophie.

Der junge Rudolf Steiner, Weimar 1889.

❻ Der Pavillon in Goethes Garten

An der alten Mauer, die den Blick in Goethes Garten von der Straße her verwehrt, steht ein kleines, zweigeschossiges Bauwerk, das Goethe zusammen mit dem Gartengrundstück von seinem Nachbarn erwarb. In dem Pavillon bewahrte er seine heute wieder zugänglichen geologischen und mineralogischen Sammlungen auf.

❼ Das Torhaus am Frauentor

Auch dieses kleine Eckhaus, das zum Wielandplatz gerichtet ist, steht mit Goethes benachbartem Garten in Beziehung. Als der Oberbaudirektor C. W. Coudray daranging, die Situation vor dem Frauentor zu verbessern, trat Goethe den knappen Baugrund für das neue Torhaus ab, das heute ein unscheinbares Dokument klassizistischer Platzgestaltung ist.

❽ Das Hansahaus Wielandplatz

Der Wielandplatz hat sein Gesicht im Laufe der letzten zwei Jahrhunderte sehr verändert: Wo sich heute ein mächtiges, mit Loggien und Erkern und einer Kuppel versehene Hochhaus aus dem Jahre 1904/05 erhebt und das Ambiente mit einem unberechtigten Anspruch beherrscht, befand sich zu Goethes Lebzeiten ein großes, sich in die Straßenfluchten einfügendes Eckhaus zum Frauenplan hin, in dem der Advokat Carl Georg Hase (1786–1862) wohnte. Ihn bat Goethe hin und wieder um Rechtsbeistand.

❾ Die Wohnung von Friedrich Wilhelm Riemer Wielandplatz 3

In dem breiten und hohen Eckhaus vor der Steubenstraße zwischen Amalien- und Humboldtstraße wohnte, wie man im Weimarer Adreßbuch von 1840 liest, der Hofrat Dr. Riemer in den Jahren nach Goethes Tod. Der frühere Hausgenosse und wissenschaftliche Mitarbeiter Friedrich Wilhelm Riemer (1774–1845), ein begabter und kenntnisreicher Altphilologe, war für Goethe und seine Interessen an der Antike über viele Jahre ein anregender Gesprächspartner. Er heiratete 1812 Caroline Ulrich, die als Gesellschafterin von Christiane von Goethe auch im Haus am Frauenplan wohnte. In den letzten Jahrzehnten seines Lebens war Riemer für Goethe der unverzichtbare Helfer, der

Friedrich Wilhelm Riemer. Kreidezeichnung von J. J. Schmeller, 1824.

**Blick vom Wielandplatz zur katholischen Kirche.
Im Eckgebäude Wohnung von Friedrich Wilhelm Riemer. Um 1900.**

an der Redaktion von *Dichtung und
Wahrheit* und der *Tag- und Jahreshefte*
ebenso beteiligt war wie an der Vorbe-
reitung und Herausgabe seiner Werke.
Was Goethe für Riemer bedeutete, steht
in einem nüchternen Brief an Knebel
vom März 1834: »Ihnen, als dem ältesten Freunde unseres Verewigten, kann
ich, mit der Überzeugung verstanden zu
werden, vertrauen, daß nach seinem
Hinscheiden nicht nur er mir, sondern
auch ich selbst mir fehle. Wie eine
Schlingpflanze, wenn sie ihren stützen-
den Stamm verloren, sich kümmerlich
auf der ebenen Erde hinranken muß,
wenn sie anders noch kann, so lebe ich
auch nur an der Gleichgültigkeit der
Tage so hin, zwar beschäftigt, aber ohne
Freude und Lust; denn die gewohnte

stärkende und nährende Umgebung
fehlt, und ich weiß eigentlich nicht, für
wen ich sammle und wozu, da nur er mir
erst das Gewonnene zugute machen
half.«
Sieben Jahre später – 1841 – erschienen dann doch Riemers *Mitteilungen
über Goethe*, Aufzeichnungen, die den
Dichter aus der Sicht eines seiner Verehrer charakterisieren.

⑩ Das Denkmal für Christoph Martin Wieland Wielandplatz

Der Platz vor dem Frauentor erhielt
1857 seine Mitte und seinen Namen
von dem Denkmal, das die Weimaraner für Christoph Martin Wieland am

Das Wieland-Denkmal.

Ankunft 1775 gestiftet wurde und bis zu Wielands Tod 1813 ungetrübt, in gegenseitiger Achtung bestand. Goethe respektierte und bewunderte die dichterische Phantasie Wielands, und dieser fühlte sich glücklich als der ältere Freund eines geistreichen Genies.

⓫ Die Wohnung von Christoph Martin Wieland Marienstraße 1

Das Wielanddenkmal an diesem Platz aufzustellen, geschah sicherlich auch in Kenntnis des großen, klassizistisch umgebauten, nicht mehr vollständig erhaltenen Hauses Marienstraße 1, in dem der Dichter von 1773 bis 1792 wohnte. Danach lebte er kurze Zeit im Haus Wielandplatz 1, dem mittleren Gebäude hinter dem Denkmal, ehe er in das Hinterhaus Markt 18 einzog.

Vor dem Frauentor hieß der Platz, bevor Wielands Denkmal dort Aufstellung fand. Hier mündet die Marienstraße, die von Belvedere in die Stadt führt. Auch an ihr gibt es historische Gebäude.

4. September 1857 setzten, an dem Tage, an dem auf dem Theaterplatz das Doppelstandbild für Goethe und Schiller enthüllt wurde. Damit hatten die großen Vier von Weimar – Herders Denkmal von 1850 haben wir schon betrachtet – ihre Standbilder erhalten, würdige Symbole des 19. Jahrhunderts, das seine Klassiker als Leitfiguren zur Herausbildung der eigenen bürgerlichen Kultur verstand.

Wieland, der Verfasser der *Geschichte des Agathon,* der *Abderiten,* des *Oberon,* stand der Aufklärung näher als der Klassik, und doch verband ihn mit Goethe eine ungewöhnliche, von gegenseitigem Vertrauen getragene, herzliche und brüderliche Freundschaft, die mit Goethes

⓬ Das Große Jägerhaus Marienstraße 3

Vor den Toren Weimars spielte sich zu Goethes Zeiten wirtschaftliches Leben ab: Im Norden war es das Erfurter Tor, dort unterhielt Bertuch seine Manufakturen. Im Süden war es das Frauentor, hier hatten die Jäger und Förster ihre Quartiere. Die lange Front des Großen Jägerhauses, das 1732 von Herzog Ernst August für die Forstverwaltung erbaut worden war, ist im Kriege zerstört worden. Da der mittlere Teil für die Hochschule für Architektur modern aufgebaut wurde, lassen die beiden äußeren, stehengebliebenen Gebäude die Schönheit der Anlage nicht mehr vollständig erkennen.

Die Nordflügel bezog Goethe im November 1789 mit Christiane Vulpius: »Ew. Durchlaucht finden mich, wenn Sie wiederkommen, in einem neuen Quartier. Der Herzog, der auf alle nur mögliche Art für mich sorgt und mich zu meiner größten Dankbarkeit auf das beste behandelt, hat mir die Wertherischen und Staffischen im Jägerhause gegeben, wo ich gar anmutig wohne«, schrieb er der Herzogin Anna Amalia. Hier brachte Christiane ihren Sohn August am 25. Dezember 1789 zur Welt, der von dem herzoglichen Paten Carl August seinen Namen erhielt. Hier erlebte Goethe die ersten gemeinsamen glücklichen Jahre in seiner kleinen Familie. Hier schrieb er die *Römischen Elegien,* die die sonst gar nicht prüde Adelsgesellschaft empörten. Goethe war glücklich in den eigenen vier Wänden. »Meine Wohnung danke ich Ihnen

Christiane Vulpius mit ihrem dreijährigen Sohn August. Aquarellierte Zeichnung von Johann Heinrich Meyer, 1793.

täglich, sie wird immer lustiger und anmutiger«, schrieb er dem Herzog.

Da der großzügige Fürst seinem Minister und Freund im Sommer 1792 das Haus am Frauenplan schenkte, konnte Carl August dem vornehmen, reichen englischen Kaufmann und Kunstsammler Charles Gore (1729–1807) mit seinen beiden Töchtern Eliza und Emily das Jägerhaus überlassen und so an Weimar binden. Goethe hat den ungewöhnlichen Engländer in seiner Biographie über Philipp Hackert gewürdigt. Dort heißt es: »Die Gegenwart dieses vortrefflichen Mannes ist unter die bedeutenden Vorteile zu rechnen, welche diese Stadt in den letzten Jahren genossen. Seine Persönlichkeit machte stets einen wohltätigen Eindruck. Einfach, freundlich und gefällig erwies er

Das Jägerhaus an der Marienstraße, 1926.

sich gegen jedermann; selbst noch im Alter machte seine Gestalt, seine Gesichtsbildung einen sehr angenehmen Eindruck. Der Unterhaltung mit ihm konnte es niemals an Stoff fehlen, weil er vieles gesehen, erlebt und gelesen, ja, man kann sagen, keinen Augenblick des Lebens mit unbedeutenden Gegenständen zugebracht hat.« Auch ein dritter Bewohner des Hauses ist in Erinnerung geblieben: der französische Gesandte Etienne Baron de Saint-Aignan, der 1812 hier eingezogen war und nach der Niederlage Napoleons in der Völkerschlacht bei Leipzig 1813 mit knapper Not fliehen konnte. Er war ein gebildeter, geachteter Mann am Hofe gewesen.

Mit dem Einzug der Zeichenschule in

Die Malerin Louise Seidler.
Selbstbildnis in Pastell, um 1815.

Johann Heinrich Meyer. Selbstbildnis.
Bleistiftzeichnung, um 1790.

das Jägerhaus 1816 – nur die höhere Klasse unterrichtete der Direktor Johann Heinrich Meyer an der Esplanade – begann ein neues Kapitel des Hauses. 1823 zog die hochgeschätzte Malerin Louise Seidler (1786–1866) als Kustodin der hier untergebrachten Gemäldesammlung ein: Sie bewohnte bis zu ihrem Tode die Mansardenwohnung. Später hatten Angelica Facius, Friedrich Preller, Bonaventura Genelli und Friedrich Mardersteig in dem Hause ihre Wirkungsstätte. Das Atelierhaus freilich, hinter dem Gebäude, mußte schon 1858 dem Neubau der Weimarischen Bank weichen.

⓭ Die Wohnung von Johann Nepomuk Hummel Marienstraße 8

Gegenüber dem Jägerhause erinnert eine Tafel daran, daß dort der bekannte Weimarer Musiker Johann Nepomuk Hummel (1778–1837) wohnte. Der Komponist und Klaviervirtuose war 1819 als Hofkapellmeister nach Weimar berufen worden und hat dort am Theater durch seine Konzerte und Opernaufführungen großen Erfolg gehabt. Auch Goethe schätzte den Musiker. Als er allerdings die schöne polnische »unglaubliche Pianospielerin« Maria Szymanowska im August 1823 in einem Konzert zum erstenmal erlebte, konnte sein Vergleich mit Hummel nur so ausfallen: »Sie darf wohl neben unsern Hummel gesetzt werden, nur daß sie eine schöne, liebenswürdige, polnische Frau ist. Wenn Hummel aufhört, so

steht gleichsam ein Gnome da, der mit Hilfe bedeutender Dämonen solche Wunder verrichtete, für die man ihm kaum zu danken sich getraut; hört sie aber auf und kommt und sieht einen an, so weiß man nicht, ob man sich nicht glücklich nennen soll, daß sie aufgehört hat?«

⓮ Das Liszthaus, das frühere Hofgärtnerhaus Marienstraße 17

Daß Weimar »zu einem musikalischen Zentrum von europäischem Rang« wurde, ist zwei berühmten Pianisten zu verdanken: Johann Nepomuk Hummel und Franz Liszt. »Sie verliehen dem nachklassischen Weimar ähnlichen Glanz, wie ihn das klassische durch Wieland, Goethe, Herder und Schiller empfangen hat«, schreibt Wolfram

Das Liszthaus, um 1890.

Huschke in seinem empfehlenswerten Buch über *Musik im klassischen und nachklassischen Weimar* (1982).

Franz Liszt war 1868 nach Weimar zurückgekehrt: Der Großherzog Carl Alexander stellte ihm das Hofgärtnerhaus zur Verfügung, einen der beiden »Pavillons vor dem Frauentor« am Ende der Marienstraße. Dort hat der Pianist und Komponist als Musikerzieher bis zu seinem Tode 1886 gelebt und gearbeitet. Seither sind die Wohnräume im Obergeschoß für die Öffentlichkeit zu besichtigen. Im Erdgeschoß ist ein kleines Liszt-Museum zusammengestellt worden.

Adelheid von Schorn, an deren Haus wir vorbeikommen werden, erzählt von den Unterrichtsstunden bei Liszt: »Zweimal in der Woche kamen sie von 4 bis 6 nachmittags zu ihm. Er ging auf und ab und ließ einige spielen, was sie gerade studiert hatten. Seine Bemerkungen konnten sich alle zu Herzen nehmen. Wenn er den Schüler vom Klavierstuhl wegschob und sich selbst hinsetzte – um zu zeigen, wie man es machen und nicht machen solle –, dann drängte sich die ganze Schar um den Flügel, so nahe sie nur konnte, um ja keinen Ton, kein Wort, keine Miene des geliebten Lehrers zu verlieren. Aber wie war dieser Lehrer auch mit den jungen Leuten! Für diese Güte gibt es gar keine Worte!«

Nachdem wir das Haus Liszts besichtigt haben, gehen wir auf der Seite des Parks ein Stück die Belvedere-Allee entlang, an der zwei Villen wegen ihrer früheren Bewohner hervorzuheben sind.

⑮ Die Wohnung von Friedrich Preller Belvedere-Allee 8

Den Weimarer Maler Friedrich Preller (1804–1878) hatten Goethe und Carl August in sehr jungen Jahren entdeckt und gefördert, nach Antwerpen und Italien zum Studium geschickt. Seit 1834 unterrichtete der in der klassizistischen Tradition stehende Künstler an der Zeichenschule. Ein »bedeutendes Talent« hatte Goethe ihn genannt, und als Hofmaler hat er in Weimar viel Anerkennung gefunden. Mehrere große Wandgemälde im Schloß sind sein Werk, berühmter aber wurden die Fresken seines Odysseus-Zyklus. In 16 Wandbildern und ebenso zahlreichen Sockelmalereien schildert Preller das Schicksal des Odysseus. Diese Bilder wurden vor einigen Jahrzehnten aus dem zur Ruine verkommenen, nun im

Franz Liszt mit der Geigerin Amrah Senkrah, 1885.

Adelheid von Schorn und der Maler Paul von Joukowsky, 1904.

Wiederaufbau befindlichen Weimarer Landesmuseum geborgen. Friedrich Preller war ein treuer Sohn der Stadt, der viele Jahre in bedrängten Verhältnissen im Jägerhaus wohnte, dann in der Hofgärtnerei und schließlich in der Villa in der Belvedere, an der eine Tafel sein Andenken bewahren soll.

⓰ Die Wohnung von Adelheid von Schorn Belvedere-Allee 2

Da unser Weg zurück an dem Haus Belvedere-Allee 2 vorüberführt, wollen wir an eine Frau erinnern, die durch ihre Bücher und Erinnerungen zur Chronistin des nachklassischen Weimar geworden ist: Adelheid von Schorn

(1841–1916) war die Tochter des weimarischen Kunstgelehrten Ludwig Schorn, der 1833 als Nachfolger Johann Heinrich Meyers Direktor der Zeichenschule geworden war. Sie war eine geschätzte Zuhörerin und Partnerin in den Kreisen der Künstler, Dichter und Musiker um 1900. Franz Liszt »freute sich, daß wir nun so nahe Nachbarn wurden«, erzählte sie. »Ich stand zwischen Kisten und Kasten, da öffnete sich meine Türe ganz leise, und durch den schmalen Spalt hielt eine Hand eine schöne rote Rose herein. Es war Liszts Hand, das war sein Willkomm.«
Wir gehen die Belvedere-Allee zurück bis zum Liszthaus und biegen nach links in die Geschwister-Scholl-Straße ein und befinden uns in einer andern Welt.

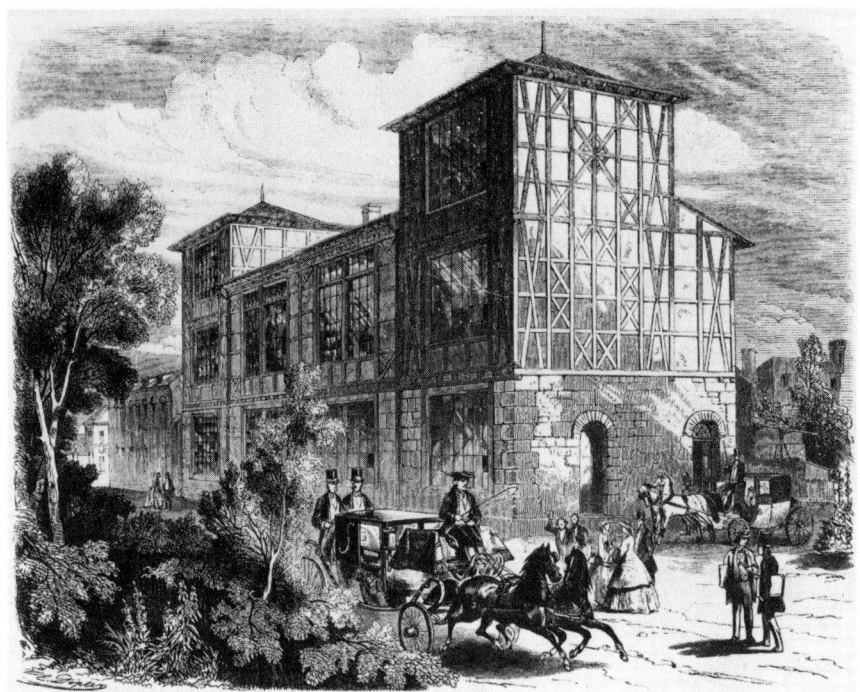

Die Großherzogliche Kunstschule in Weimar. Xylographie von Karl Doepler d. Ä., 1860.

⑰ Das frühere Staatliche Bauhaus,
die heutige Hochschule
für Architektur und Bauwesen
Geschwister-Scholl-Straße 1–3

Die heutige Hochschule für Architektur- und Bauwesen hat eine lange Tradition. Goethe selbst war viele Jahre für die Freie Zeichenschule verantwortlich, die Georg Melchior Kraus, dann Johann Heinrich Meyer geleitet haben. Auch die Gründung der Baugewerkeschule 1829 verfolgte er mit Aufmerksamkeit. Carl Augusts Enkel, Carl Alexander, hatte den Ehrgeiz, allerdings nicht die Kraft, Weimar zum Zentrum der deutschen Kunstförderung zu machen. Immerhin wurde die Kunstschule 1860 gegründet und ein fabrikartiger Fachwerkbau an der Stelle der heutigen Hochschule errichtet. Daraus ging die Weimarer Malerschule hervor, zu der Theodor Hagen, Leopold Graf von Kalckreuth, Hans Olde, auch Christian Rohlfs gehörten.

Durch die Berufung des belgischen Malers und Architekten Henry van de Velde (1863–1957) wurde die Kunstschule zur Hochburg des neuen Stils in Architektur und Kunsthandwerk, den man pauschal Jugendstil nennt. Weimar erlangte erneut kulturelle Bedeutung:

Die Hochschule für Bildende Kunst, so hieß die Kunstschule seit 1910, und die Kunstgewerbeschule wurden an den beiden Seiten der Straße von Henry van de Velde konzipiert und zwischen 1904 und 1911 gebaut. Die heutigen Gebäude sind Ausdruck eines neuen Formwillens, der mit dem Namen des belgischen Künstlers verknüpft ist, der als Ausländer im Ersten Weltkrieg Deutschland unter demütigenden Umständen verlassen mußte. Auf dem Weg nach Belvedere werden wir seinem Namen wieder begegnen. In seiner Autobiographie *Geschichte meines Lebens* hat Henry van de Velde die Weimarer Jahre von 1901 bis 1917 geschildert.

In den Gebäuden lehrte von 1919 bis 1925 der neue Direktor, Walter Gropius (1883–1969), den noch der inzwischen abgedankte Großherzog nach Weimar berufen hatte. Er schuf durch Vereinigung der Kunsthochschule mit der Kunstgewerbeschule das Staatliche Bauhaus, die Keimzelle des neuen Bauens und zugleich für einige Jahre die Wirkungsstätte der bedeutendsten Maler der Moderne. Hier arbeiteten Wassily Kandinsky, Lyonel Feininger, Paul Klee, Gerhard Marcks. Hier unterrichteten oder studierten die modernen Künstler unseres Jahrhunderts: Oskar Schlemmer, Lothar Schreyer, Johannes Itten, Georg Muche, Josef Albers, Werner Gilles, Fritz Winter und andere. Weimar wurde für ein paar Jahre das Mekka der zeitgenössischen Kunst. Die Stadt Goethes, die immer noch vorwiegend von der Vergangenheit lebte, beherbergte ein halbes Jahrzehnt die künstlerische Avantgarde des 20. Jahrhunderts.

Schon Goethe hatte die Mißgunst und das Unverständnis der Zeitgenossen erfahren. Auch die Künstler des Bauhauses waren dem Druck einer borniertennn

Die ehemalige Kunstgewerbeschule, nach den Plänen von Henry van de Velde 1904 bis 1906 erbaut.

Henry van de Velde erklärt sein Theatermodell.
Links: Harry Graf Kessler; stehend Ludwig von Hofmann, 1904.

bürgerlichen Öffentlichkeit ausgesetzt, so daß sie 1925 ihre Arbeit in Dessau fortsetzen mußten. Wieder einmal ging für Weimar eine große Chance verloren.

⑱ Das Wohnhaus von Friedrich Mardersteig Geschwister-Scholl-Straße 4

Da man sich im nachklassischen Weimar der Moderne meist verschloß, gibt es keine Erinnerungen an Paul Klee oder Kandinsky oder Feininger, wohl aber an Friedrich Preller und Bonaventura Genelli und – an Friedrich Mardersteig (1814–1899), der in dem Häuschen hinter der heutigen Hochschule lebte. Er war Professor an der Kunstschule und einer der vielen Historienmaler des 19. Jahrhunderts.

Der Name hat einen guten Klang: In diesem Haus wurde 1892 der Enkel Hans Mardersteig geboren, der mit den Werken seiner »Officina Bodoni« in Verona der berühmteste Drucker unseres Jahrhunderts wurde. Wahrscheinlich bekam er bereits in seinem Elternhaus – sein Vater war ein der modernen Kunst aufgeschlossener Rechtsanwalt – die ersten Anregungen durch die Cranach-Presse des Harry Graf Kessler, die sich seit 1913 in diesem Hause befand.

Wir halten uns etwas rechts, überqueren die Kreuzung, an der drei Straßen zusammenlaufen und stehen am Eingang des Friedhofs. Gegenüber erinnert eine Grünanlage, der Posecksche Garten, an den Oberforstmeister Poseck, dem das schöne Haus dahinter gehörte, das heute das Museum für Urgeschichte ist. Vorher werfen wir noch einen Blick in die Amalienstraße.

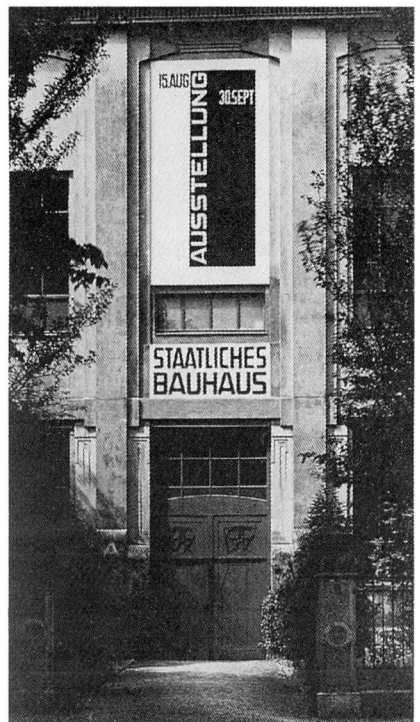

Eingang zur Bauhaus-Ausstellung, 1923.

⑲ Die Wohnung von Arnold Böcklin und Franz von Lenbach Amalienstraße 19

An dem ersten Haus rechts von der Geschwister-Scholl-Straße lesen wir eine Tafel: Sie zeigt an, daß hier zwei berühmte Maler vorübergehend von 1860 bis 1862 gewohnt haben: Arnold Böcklin (1827–1901) und sein Freund Franz von Lenbach (1836–1904), zwei berühmte Künstler aus München, die an die neugegründete Kunstschule berufen worden waren, die sich aber in dem engen Weimar nicht eingewöhnen konnten: »Die weimarische Landschaft,

135

so schön und groß sie auch war, zog meinen Gatten gar nicht an«, schreibt Angela Böcklin. »Er hatte daher auch während der zwei Jahre nicht eine einzige Studie draußen in der Natur gemacht. Trotzdem er sich in diesem engen Kreis ganz wohl fühlte, so drückten doch das philiströse Leben und die strenge Hofetikette furchtbar auf sein Gemüt. Er konnte sich nicht bewegen und fühlte sich in seiner Freiheit beengt. Wenn er abends einmal mit seinen Freunden kneipen gegangen war, so wußte es am andern Morgen die ganze Stadt. Aus diesem Grunde strebte er danach, einen Ort zu finden, wo er nicht beobachtet wurde und nicht unter der Kontrolle der Weimarer Klatschbasen stand. Er sagte oft, die Luft sei ihm zu eng in der schönen Residenz.«

Die alte Friedhofsallee, um 1950.

⑳ Der Neue Friedhof vor dem Frauentor

Zu den bleibenden Eindrücken in Weimar gehört der Besuch des Neuen Friedhofs mit der Fürstengruft und den Gräbern des klassischen und nachklassischen Weimar. Er wurde 1818 angelegt; bis dahin wurden die Verstorbenen auf dem Jakobsfriedhof beigesetzt. Seine Mitte bildet die etwas höher gelegene Fürstengruft, auf die wir durch eine Allee zugehen, zur Rechten und zur Linken verwitterte Steine und Eisenkreuze.

㉑ Die Fürstengruft (Goethe- und Schiller-Gruft)

Das klassizistische Mausoleum wurde 1825/26 auf Anordnung Carl Augusts von dem Oberbaudirektor C. W. Coudray entworfen und gebaut. Durch einen Vorbau, der von antiken Säulen getragen wird, betritt man einen schmucklosen Innenraum, der nur durch die Büsten Goethes und Schillers belebt ist und in einer von einem Gitter umschlossenen ovalen Öffnung sein Zentrum hat.
Eine Treppe führt zur Gruft hinab, in der, den Raum beherrschend, die beiden schlichten Särge in der Mitte aufgestellt sind. Man liest nur die Namen Schillers und Goethes in antiken Lettern an den Stirnseiten der Eichensarkophage. Die Gebeine Schillers, die aus dem Kassengewölbe auf dem Jakobsfriedhof geborgen worden waren, wurden hier 1827 beigesetzt, und es war Goethes Wunsch gewesen, nach seinem Tode neben dem Freunde gebettet zu werden, der im Alter von 46 Jahren gestorben war.

Eingang zur Fürstengruft.

Vor ihm war 1828 Carl August und 1830 dessen Frau, die von Goethe hochgeschätzte Großherzogin Louise, gestorben. Sie und ihre Kinder und Kindeskinder fanden in dem fürstlichen Mausoleum ebenso ihre letzte Ruhestätte wie die herzogliche Familie seit dem 17. Jahrhundert. Man sieht ihre Sarkophage im Dunkel des Raums und ist immer wieder befremdet, wie sehr man sich über den Willen des Erbauers hinweggesetzt hat, denn die großen Dichter sollten die Gruft nicht allein bestimmen. Vielmehr sollten sie von den Sarkophagen der fürstlichen Familie umstanden werden.

Millionen von Menschen haben im Laufe der Zeiten vor den Särgen Goethes und Schillers gestanden, und viele werden ergriffen gewesen sein von dem Ort, an dem die großen Toten ihre letzte irdische Ruhestätte fanden.

㉒ Die Grabkapelle für die Großherzogin Maria Pawlowna

In eigenartigem Kontrast zur klassizistischen Fürstengruft steht die 1860 bis 1862 dahinter errichtete russisch-orthodoxe Kapelle mit ihren Zwiebeltürmen. Hier ruht in der Gruft, die mit dem Mausoleum verbunden ist, die Großherzogin Maria Pawlowna, Schwiegertochter Carl Augusts, die anmutige, bewunderte Fürstin aus dem russischen Zarenhause. Sie war eine musische Frau, die viel für das kulturelle Leben in Weimar getan hat. Sie hat die Hoffnungen, die Schiller in seiner ihr 1804 gewidmeten *Huldigung der Künste* ausgesprochen hatte, erfüllt. Das nachklassische Weimar ist maßgeblich ihr Werk.

Wir wollen uns dem Rundgang anschließen, den Gertrud Ranft in ihrer kleinen Schrift über Historische Grabstätten *aus Wei-*

mars klassischer Zeit *vorschlägt und uns auf einen Teil der dort beschriebenen Gräber beschränken. Dabei wird jeder Goethe-Liebhaber und Weimar-Kenner weitere Namen auf den Grabsteinen finden, die ihm etwas sagen und bedeuten. Der Weimarer Friedhof ist eine ganz ungewöhnliche Erinnerungsstätte.*

㉓ Grabstätten auf dem Weimarer Friedhof

Wir gehen vom Ausgang der Fürstengruft nach links und kommen am Ende des Weges zur Grabstätte der Familie Goethe: Hier liegt Goethes Schwiegertochter Ottilie mit ihren Kindern Alma, Walther und Wolfgang begraben. Auch die langjährige Dienerin, Wilhelmine Bachstein, wurde im Familiengrab beigesetzt.

Wir gehen nach rechts weiter und stehen vor dem Grab der Familie Johannes

Grabstätte der Familie von Goethe.

Daniel Falks. Man liest, daß die Eltern ihre sieben Kinder begraben mußten.

Die Familiengräber des Bürgermeisters Carl Lebrecht Schwabe und des Landesdirektionspräsidenten C. F. von Conta, die Gräber des Oberbaudirektors C. W. Coudray, des Landkammerrats Franz Kirms liegen am Wege.

Wir stehen vor dem würdigen Grabstein Charlotte von Steins, der ebenfalls an der Kirchhofsmauer aufgestellt ist.

Wir gehen nun über den Querweg zur gegenüberliegenden Mauer, wenden uns nach rechts und entdecken die Gräber von Goethes Kunstfreund Johann Heinrich Meyer und seiner Frau, die Grabstätte der Schauspielerfamilie Genast, das Grab des Malers Johann Joseph Schmeller, des Leibarztes Dr. Huschke. Wir finden die Gedenkplatte für Goethes Mitarbeiter Friedrich Wilhelm Riemer und seine Frau Caroline, und dicht daneben liegt August von Kotzebues Mutter begraben, die ihren Sohn um neun Jahre überlebte.

Das Grab für Pius Alexander Wolff erinnert uns daran, daß der von Goethe ausgebildete Schauspieler, dessen Weggang nach Berlin die Weimaraner so sehr bedauert hatten, nach vierzehn Jahren krank in die Stadt zurückkehrte und hier, an Goethes Geburtstag, am 28. August 1828, starb.

Ein eindrucksvolles Monument entwarf Coudray für eine englische Hofdame, Anna Dillon. Auch dieses steht in der Nähe der Mauer. Wir gehen an ihr entlang, vorbei am Grabstein für Ernestine Durand, geb. Engel, die »Schauspielerin, Schülerin Goethes«, bis wir zur Grabstätte der Familie Wieland kommen und von dort zum Grab von

Franz Carl Eberwein mit seiner Frau. Er war ein von Goethe hochgeschätzter Musiker, der oft im Haus am Frauenplan Konzerte gab.

Wir kehren nun um und kommen zum Grab der Malerin Louise Seidler. Auch die Gräber des Kupferstechers Carl August Schwerdgeburth, des Malers Bonaventura Genelli, der Gräfin Ottilie Henckel von Donnersmarck, Urgroßmutter von Goethes Enkeln, der Grabstein des Kanzlers Friedrich von Müller, des Oberhofpredigers Johann Friedrich Röhr, des Musikdirektors Johann Nepomuk Hummel und der Familie des Kammerdirektors Cornelius Johann Rudolph Ridel liegen dicht beieinander.

Nach einigem Suchen schließlich finden wir in der Nähe der russischen Kapelle das vom Gothaer Bildhauer Friedrich Wilhelm Döll nach Johann Heinrich Meyers Entwurf 1800 errichtete Monument für die früh verstorbene Schauspielerin Christiane Becker-Neumann, Goethes Euphrosyne, deren Grab wir schon auf dem Jakobsfriedhof gefunden haben. Das Denkmal fand hier seinen endgültigen Platz. Eine Nachbildung steht, gestiftet von der Witwe Ernst von Wildenbruchs, unterhalb des Horns im Park.

Hier liegen auch die Gräber der seit der Jahrhundertwende verstorbenen Schauspielerinnen und Schauspieler Weimars. Viele von ihnen lebten zuletzt im Altersheim der Marie-Seebach-Stiftung. Auch die Gräber der Goetheforscher findet man in der Nähe: Man liest die Namen von Eduard Scheidemantel, Julius Wahle, Werner Deetjen, Max Hecker, Hans Wahl und anderen.

Das Euphrosyne-Denkmal von Friedrich Wilhelm Döll, 1800.

Rechts an der russischen Kapelle entlanggehend, entdecken wir schließlich eine Grabstelle mit der schlichten Inschrift: »Hier ruht Eckermann, Göthe's Freund.«

Wir verlassen den historischen Friedhof oberhalb der Kapelle am hinteren Ende der Mauer durch einen Seitenausgang und kommen über den äußeren Friedhofsbereich in eine Allee, wenden uns nach links und erreichen durch die kleine Friedhofspforte die Cranachstraße. Wir kommen in ein Neubauviertel aus der Jahrhundertwende mit Jugendstilvillen. Nach der Kreuzung links gelangen wir zum Haus Cranachstraße 15.

㉔ Das Haus von Harry Graf Kessler Cranachstraße 15

Weimar ist im Laufe der Geschichte eine Stadt voller Gegensätze geworden. Die Stadt der Klassik wurde ein Vorort der Avantgarde. Henry van de Velde und Walter Gropius wurden ihre Protagonisten, Harry Graf Kessler (1868–1937) der souveräne Vermittler moderner Kunst. Er war von 1903 bis 1906 der Direktor des Großherzoglichen Museums für Kunst und Kunstgewerbe. Seine Idee war es, aus Weimar ein internationales Kunstzentrum zu schaffen. Doch ehe er seine Vision verwirklichen konnte, wurde er von dem unmusischen Großherzog auf so persönliche Weise brüskiert, daß er seinen Rücktritt einreichte.

Harry Graf Kessler hatte im Sommer 1903 das im Rohbau erworbene Haus an der Cranachstraße von Henry van de Velde einrichten lassen. Dort trafen sich Schriftsteller und Künstler: Rainer Maria Rilke, Hugo von Hofmannsthal, Ludwig von Hofmann, Alfred Walter Heymel und viele andere waren zu Gast. Kessler zog sich nach dem Skandal ins Private zurück: »Im Mittelpunkt stünde für mich künftig, daß zwei- oder dreimal im Jahr in Weimar einige bedeutende Künstler, Dichter etc. in unsern Häusern in der Weimarer Atmosphäre sich gegenseitig treffen und befruchten könnten ... Mir scheint, daß dieses eine der wichtigsten Vorbedingungen einer ausgeglichenen Kultur für Deutschland ist und daß Weimar der einzige Ort ist, wo es möglich ist.«

Arbeitszimmer von Harry Graf Kessler in der Cranachstraße 15, um 1910.

Bis zum Kriege lebte Kessler in Weimar. Sein Name ist mit der Cranach-Presse verbunden geblieben, die hervorragende bibliophile Drucke herstellte. Dafür sind die Eclogen Vergils in der Übersetzung von Rudolf Alexander Schröder mit den Holzschnitten von Aristide Maillol das schönste Beispiel. *Wir gehen zur Kreuzung zurück und sehen das zweite Haus an der Wilhelm-Külz-Straße auf der linken Seite.*

㉕ Die Wohnung von Wassily Kandinsky Wilhelm-Külz-Straße 3

In dem bürgerlichen großen Haus an der früheren Südstraße bewohnte Wassily Kandinsky (1866–1944) mit seiner Frau Nina von 1922 bis 1925 die zweite Etage. Der abstrakte Maler wirkte als Meister am Staatlichen Bauhaus. »Weimar war damals eine charmante, ja beinahe idyllische Stadt, ein verträumter Ort mit Parks und Alleen, der eine jedem Künstler so wohltuende Ruhe ausstrahlte«, schreibt Nina Kandinsky in ihren Erinnerungen. »Leider neigten ihre Bewohner ein bißchen zum Provinziellen und Spießigen. Eine große Schar behäbiger Philister sonnte sich im Ruhme Goethes, und es wirkte auf uns bisweilen eher peinlich, daß Goethe auf Schritt und Tritt in Weimar präsent war ... Welch ein Kontrast: Weimar, die Stadt des Dichterfürsten und zugleich die Stadt des Bauhauses!

Das Bauhaus war in Weimar eine isolierte geistige Insel. Von der Bevölkerung wurde diese seltsame Künstlerkolonie wie ein Fremdkörper betrachtet, von dem man eher Schlechtes denn

Kandinsky und Klee als Goethe und Schiller, 1929.

Gutes erwartete. Bezeichnend für das Mißtrauen, das die Einheimischen uns allen, die wir mittelbar oder unmittelbar mit dem Bauhaus in Verbindung standen, entgegenbrachten, sind jene Horrorgeschichten, die aufgeschreckte Eltern ihren ungezogenen Kindern erzählten. Die Kinder wurden dadurch ihrerseits erst richtig verschreckt. Es gab eine elterlich-autoritäre Drohung, die jedes aufsässige Kind aus Weimar schnell wieder zur Räson brachte: ›Ich schick' dich ins Bauhaus!‹ Das Bauhaus, schien es, war die lokale Residenz des Teufels.«

Um zu Nietzsches Haus zu kommen, haben wir nun die Wahl, entweder der Wilhelm-Külz-Straße im Bogen zu folgen oder unmittelbar die Humboldtstraße, die frühere Louisenstraße, hinaufzugehen.

Vortragsraum im Nietzsche-Archiv mit der Nietzsche-Büste von Max Klinger.

㉖ Das Nietzsche-Archiv
Humboldtstraße 36

Im August 1896 zog Elisabeth Förster-Nietzsche mit ihrem kranken Bruder in die Villa Silberblick an der damaligen Louisenstraße. Dort starb Friedrich Nietzsche am 25. August 1900. Die geschäftstüchtige, ehrgeizige und raffinierte, inzwischen schon »stadtbekannte Schwester des weltberühmten Philosophen« fand in den begeisterten Nietzsche-Verehrern, die sich in Weimar einfanden, finanzstarke Unterstützung bei der Einrichtung eines Nietzsche-Archivs nach dem Vorbild des Goethe- und Schiller-Archivs auf der anderen Seite der Stadt. Henry van de Velde baute die wilhelminische Villa zu einem Haus neuen Stils mit einem Bibliotheks- und Archivsaal für Konzerte, Lesungen und Vorträge um. Die Marmorbüste Nietzsches von Max Klinger wurde der beherrschende Blickpunkt des modernen Innenraums.

Hier also residierte Elisabeth Förster-Nietzsche als Verwalterin des Nachlasses ihres Bruders, unterstützt durch den Komponisten Peter Gast, der seit 1903 in Weimar wohnte, gefördert durch den Mäzen Harry Graf Kessler, gelitten von der Hofgesellschaft. Selbstverständlich wurde die engagierte Dame, die die Papiere Nietzsches unkritisch und mit eigenmächtigen Änderungen zum Druck gab, wegen ihres ungewöhnlichen Engagements von der Stadt auch gefürchtet. Die »Frau Oberförster Nietzsche« – der Hofmarschall hatte, um die Frau Förster gesellschaftlich aufzuwerten, ihr den Titel kurzerhand bei der Vorstellung zugelegt – scheute sich in ihrem Übereifer nicht, später, nach 1933 Nietzsche den Nationalsozialisten so aufzudrängen, daß der Nietzsche-Kult und die Nietzsche-Weihestätte nach dem Kriege verfemt wurden. Der große Philosoph wurde in der DDR als Wegbereiter des Nationalsozialismus obsolet, das Nietzsche-Archiv geschlossen. Nach einer gründlichen Restaurierung wurden die Räume Ende 1990 als museale Einrichtung der Stiftung Weimarer Klassik dem Publikum zugänglich gemacht.

Wir gehen nun zur Stadt hinunter, am Felsenkeller, einem alten Ausflugslokal, vorbei, bis zur Kreuzung der Gutenbergstraße, in die wir nach links einbiegen. Das Haus Nr. 1a, die Villa Henneberg, wurde von Henry van de Velde gebaut. Wir gehen die Straße entlang.

㉗ Die Wohnung von Lyonel Feininger Gutenbergstraße 16

In dem großen Haus mit den hohen Atelierfenstern bewohnte Lyonel Feininger 1919–1925 die erste Etage. Auch er war einer der großen Meister des Bauhauses, Kollege von Kandinsky und Klee.

Der Schriftsteller Richard Dehmel mit seiner Frau im Garten des Nietzsche-Archivs, 1904.

Wir gehen zur Lisztstraße zurück und kommen stadteinwärts vorbei an Villen und Häusern aus der Gründerzeit, die Zeugnisse eines besonderen bürgerlichen Wohlstandes sind. Gegenüber der Villa Alvary (Lisztstraße 4), einem im italienischen Stil 1884 erbauten Palazzo, steht ein Haus, an dem wir einen Augenblick stehenbleiben.

㉘ Die Wohnung von Adolf Bartels Lisztstraße 5

Im Erdgeschoß wohnte um 1910 ein Antipode des Grafen Kessler, der Schriftsteller Adolf Bartels (1862–1945), ein völkisch orientierter, antisemitischer Autor, Freund des Heimatdichters Friedrich Lienhard, der damals in der heutigen Freiherr-vom-Stein-Allee 4 wohnte.

Der Architekt Walter Gropius, um 1920.

Am Ende der Lisztstraße biegen wir nach rechts in die Steubenstraße, die frühere Kaiserin-Augusta-Straße, ein, an der sehenswerte Häuser aus dem späten 19. Jahrhundert stehen. In dem Doppelhaus Nr. 38/ 40, gebaut für den Ökonomierat Dr. Hermann Franz, wie eine kaum noch lesbare Tafel besagt, wohnte vorübergehend Georg Muche, einer der Künstler des Bauhauses. In dem neoklassizistischen Haus »Alt-Weimar« (Nr. 27) schrieb der Goetheforscher und spätere Anthroposoph Rudolf Steiner seine Philosophie der Freiheit. *Wir gehen bis zur Gropiusstraße, der früheren Seminarstraße.*

㉙ Die Wohnung von Walter Gropius Steubenstraße 32

In dem Eckhaus aus dem 19. Jahrhundert wohnte der Architekt Walter Gropius (1883–1969), von 1919 bis 1925 Direktor des Staatlichen Bauhauses. Er wurde der Begründer der Bauhausarchitektur, die weltweit Schule gemacht hat. Lothar Schreyer hat die Tätigkeit des Bauhauses geschildert: »Die wenigen Jahre des Bauhauses in Weimar waren durchglüht von einem Feuer der Hingabe an die Idee. Meister, Gesellen, Lehrlinge wetteiferten miteinander. Wir vertrauten buchstäblich darauf, mitwirken zu dürfen am Bau einer neuen Welt, im Bewußtsein einer tatsächlichen Weltwende, in der, als in einer Schicksalsstunde der Geschichte, die schöpferischen Kräfte unmittelbar aus der Tiefe des Lebens ans Licht drängen.«
Unser Weg führt durch die Gropiusstraße zum Sophienstift-Platz. Wir halten uns

Der junge Richard Strauß in Weimar.

links und kommen in die Erfurter Straße, vorbei an dem neuen Tor- und Wachthaus, das C. W. Coudray 1822 baute, und finden etwas rückwärts von der Straße gelegen ein bescheidenes Häuschen.

⚥ Das Wohnhaus von Richard Strauß Erfurter Straße 19

Die Tafel zeigt an, daß hier der Musiker und Komponist Richard Strauß (1864–1949) ein paar Jahre gelebt hat. Von 1889 bis 1894 wohnte er in Weimar und wirkte als zweiter Kapellmeister am Hoftheater. Mit großen Erwartungen war er in »die Zukunftsstadt Weimar« gekommen, »an den Platz, wo Liszt so lange wirkte«. Doch er konnte sich neben Eduard Lassen nicht so entfalten,

wie es seinem Temperament entsprach und mußte die Stadt bald wieder verlassen. Später urteilte die Sängerin Marie Gutheil-Schoder: »Mit den genialen Leistungen seiner Feuerseele hielt der 25jährige Richard Strauß das geistige und musikalische Weimar in Atem. Er schuf unerhörte Vorstellungen der Werke Glucks, Mozarts, Wagners... Er machte Weimar durch seine Konzerte, durch die Erstaufführungen seiner eigenen Schöpfungen wie auch anderer damals moderner Werke zum Mittelpunkt des deutschen Musiklebens.« *Wir kehren um, gehen die Erfurter Straße bis zur Kreuzung zurück und halten uns halb links und biegen in die Heinrich-Heine-Straße ein, früher die Innere Erfurter Straße.*

⚥ Das Wohnhaus von Clemens Wenzeslaus Coudray Heinrich-Heine-Straße 5

An Architekten, Maler und Musiker wurden wir auf unserm Spaziergang durch das neue Weimar erinnert, und wir haben Straßenzüge kennengelernt, die noch die Handschrift dieser Baumeister verraten. Derjenige, der das klassizistische Weimar durch seine Bauten im frühen 19. Jahrhundert am meisten geprägt hat, war Clemens Wenzeslaus Coudray (1775–1845), auf dessen Arbeit wir auf unsern Rundgängen immer wieder gestoßen sind.

Der 1816 nach Weimar berufene Oberbaudirektor entwarf das Wohnhaus Heinestraße 5, ein klassizistisches Gebäude, in dem er den rechten Flügel selbst bezog. Das heute stark vernachlässigte Bauwerk hat über dem mittleren

Inschrift am Wohnhaus von Clemens Wenzeslaus Coudray.

Bau eine von zwei geflügelten Greifen eingefaßte Inschrift: »Fortunet Deus« – »Gott möge Glück bringen«.

Goethe schätzte Coudray sehr und war glücklich, in seinem letzten Lebensjahrzehnt in ihm einen gebildeten, erfahrenen und anregenden Gesprächspartner gefunden zu haben. Eckermann bekannte er: »Coudray ist einer der geschicktesten Architekten unserer Zeit. Er hat sich zu mir gehalten und ich mich zu ihm, und es ist uns beiden von Nutzen gewesen. Hätte ich den vor fünfzig Jahren gehabt!«

Mit dem Blick auf Coudrays Wohnhaus sind wir am Ende unserer Besichtigung. Wir überqueren die Straße und den Theaterplatz, gehen durch die Schillerstraße, Frauentorstraße zum Markt und sehen wieder das Denkmal Carl Augusts vor uns liegen, den Ausgangspunkt unseres vierten Spaziergangs.

Das Schloß Tiefurt.

Fünfter Spaziergang
Nach Tiefurt

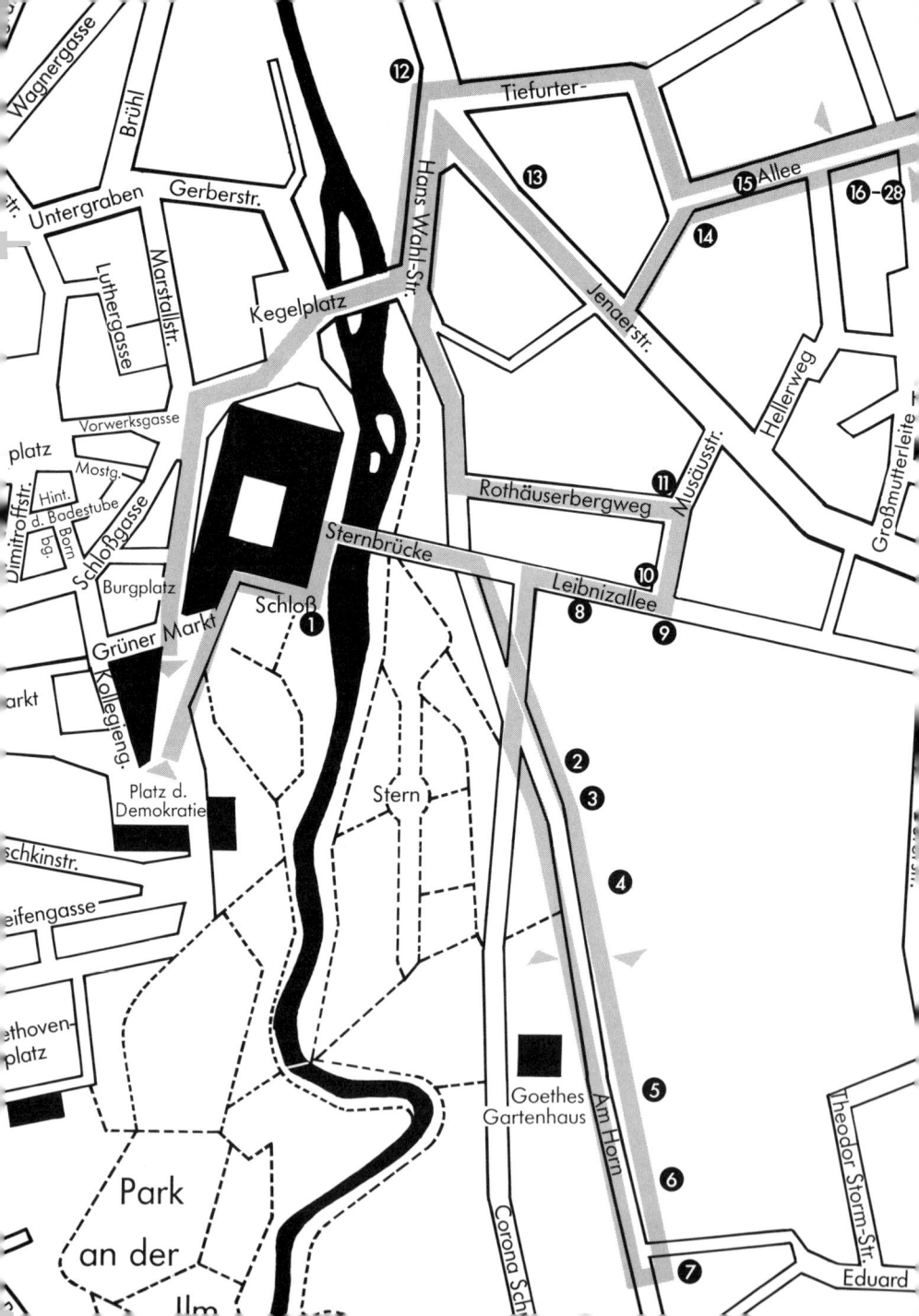

Auch dieser letzte Spaziergang gilt zuerst, in Ergänzung des vorigen, dem neuen geistigen Weimar in seinen diffusen Schattierungen zwischen Moderne und Tradition. Doch der halbstündige Fußweg nach Tiefurt wird uns nochmals in das alte Goethesche Weimar zurückführen. Vom Denkmal Carl Augusts aus gehen wir zum Schloß, vor dem unser Weg rechts – dem Park zu – vorbeiführen soll. An der südöstlichen Ecke steht ein Denkmal.

❶ Denkmal für Louis Fürnberg
Die Bronzebüste – 1961 enthüllt – erinnert an den Jüngsten im Kreise derer, denen die Zeitgenossen Goethes wie auch die Nachwelt Denkmäler setzten. Louis Fürnberg (1909–1957), aus Iglau in Mähren gebürtig, trat 1928 in die KPČ ein, emigrierte über Jugoslawien und Palästina, kehrte nach Deutschland zurück und war von 1954 bis zu seinem frühen Tod als stellvertretender Direktor der neugegründeten Nationalen Forschungs- und Gedenkstätten der klassischen deutschen Literatur in Weimar. Er galt der jungen Schriftstellergeneration in der DDR mit seinen Gedichten, Songs, Schauspielen und Erzählungen als wegweisender Dichter der sozialistischen Nationalliteratur, »der Menschheit Träumer und Soldat«. In seinem Tagebuch vom September 1954 notierte er: »Weimar ist mir schöner mit jedem Tag. Zum erstenmal keine Fernsehnsucht. Es ist wieder einmal das Gefühl, in der Mitte der Welt zu sein, wie damals in Jerusalem, auf dem Dach der Grabeskirche. Unlängst, beim Wiederbetreten des Goethehauses am Frauenplan, der

Schauer wie eh und je. Gestern am Grab der Euphrosyne, die hundert alten Überlegungen, das Geheimnis um sie lüften zu können. Voller Hoffnung, wie vor einem neuen Tag.«
Unser Weg führt über die bereits vertraute Sternbrücke über die Ilm mit dem Blick auf Goethes Park. Wir halten uns rechts und gelangen leicht ansteigend durch ein kleines Gehölz zu der über dem Park gelegenen Straße Am Horn. Hier wohnte die literarische Prominenz mit dem Blick zur Stadt am Fuße eines langen Hügelrückens. Da wir keine weimarische Literaturgeschichte schreiben, sondern uns als Stadtführer verstehen, ist die Reihenfolge der Namen allein durch die Abfolge ihrer Wohnungen bestimmt.

❷ Die Wohnung von Georg Kaiser Am Horn 15
Hier wohnte zwischen 1908 und 1920 Georg Kaiser (1878–1945), der erfolgreichste Dramatiker des Expressionismus und Verfasser der meistgespielten Theaterstücke seiner Zeit. Bekannt geblieben sind *Die Bürger von Calais, Von morgens bis mitternachts* und *Der Brand im Opernhaus.* Seine Werke betreute seit 1918 der Weimarer Verleger Gustav Kiepenheuer.

❸ Die Wohnung von Ernst Hardt Am Horn 17b
Einer der Nachbarn Kaisers war Ernst Hardt (1876–1947), der Dramatiker anderer Stilrichtung. Auch er – ein Vertreter der neuromantischen Dichtung – war ein erfolgreicher Theater-

dichter. 1907 kam er nach Weimar und wurde in den Kreis von Henry van de Velde, Harry Graf Kessler und dem Ehepaar von Nostitz aufgenommen. »Der Dichter Ernst Hardt, der durch den enormen Erfolg seines Schauspiels *Tantris der Narr* in die erste Reihe der deutschen Dramatiker nach Gerhart Hauptmann und Wedekind gelangt war, wohnte mit seiner jungen Frau Polyclète de Eslin in einer mit erlesenem Geschmack eingerichteten Villa ›Am Horn‹.« Er blieb nicht nur Zaungast, sondern wurde Akteur auf der Weimarer Bühne. Nach der Revolution wurde er 1919 Generalintendant des Weimarer Theaters, das im gleichen Jahr in Deutsches Nationaltheater umbenannt

worden war. Sechs Jahre leitete Ernst Hardt die renommierte Bühne gewissermaßen als Nachfolger Goethes.

❹ Das Haus von Ernst von Wildenbruch Am Horn 25

Es sind merkwürdige Nachbarschaften: Auch den pathetischen wilhelminischen Dramatiker Ernst von Wildenbruch (1845–1909), dessen vaterländische Schauspiele schon zu seinen Lebzeiten von der modernen Kritik abgelehnt wurden, zog es in die Stadt Schillers und Goethes. Oft war er dort zu Besuch gewesen, später beauftragte er den Architekten Paul Schultze-Naumburg mit

Das Haus des Schriftstellers Ernst von Wildenbruch.

Das Ehepaar von Wildenbruch, um 1901.

Dämmer des Abends keines Menschen Schritt mehr klang, auf denen auch kein Vogelruf mehr zu dem müden Ohr drang, sie waren für ihn erfüllt und belebt von geheimen, zu seiner Seele sprechenden Stimmen und Gestalten.«

❺ Die Wohnung von Paul Ernst Am Horn 45/47

Auf dem weiteren Weg vorbei an prächtigen Villen finden wir ein altes Haus. Hier wohnte wiederum ein Dramatiker, der weder dem Wilhelminismus noch der Neuromantik noch dem Expressionismus zuzuordnen ist: Paul Ernst (1866–1933), der den »Weg zur Form« als eine national geprägte Neuklassik verstand. Auch er schrieb Dramen: *Demetrios; Brunhild; Cassandra.* Er lebte von 1903 bis 1914 in der Stadt Goethes. Zusammen mit seinem Freund Max Brod besuchte Franz Kafka ihn am 5. Juli 1912: »Am Abend zu Paul Ernst. Auf der Gasse zwei Mädchen nach der Wohnung des Schriftstellers Paul Ernst gefragt. Sie schauen uns zuerst nachdenklich an, dann stößt eine die andere, als wolle sie sie an einen Namen erinnern, der ihr gerade nicht einfällt. Meinen Sie Wildenbruch? fragt uns dann die andere. – Paul Ernst. Über den Mund gehender Schnurrbart und Spitzbart. Hält sich am Sessel fest oder an den Knieen, trotzdem er auch bei Erregung (wegen seiner Kritiker) nicht losgeht. – Wohnt Am Horn. Eine Villa, scheinbar ganz mit seiner Familie angefüllt«, heißt es in Kafkas Tagebuch. Tags darauf besuchten die Prager Dichter Johannes Schlaf, den Mitbegründer des Naturalismus, der ebenfalls seit

dem Bau einer pompösen Villa »Ithaka«, in der Wildenbruch die letzten anderthalb Jahre seines Lebens wohnte. Das hohle Pathos seiner längst vergessenen Werke übertrug sich auf seinen Biographen, der den Blick Wildenbruchs von seinem Arbeitszimmer aus beschreibt: »Da unten am Abhang des Hügels, gleich da, wo er an jedem Morgen aus seinem Gartentor hinaustrat, lag Goethes Gartenhaus, in dessen stillen, heiligen Frieden er jederzeit von seiner Höhe aus sich ergehen durfte. Und all die durch Erinnerung geweihten Pfade unter den Bäumen und Wiesen des Parks, den Goethe gehegt und geliebt, alle diese Stätten und Wege, auf denen im

Johannes Schlaf in seiner Wohnung.

1904 in Weimar wohnte und sich ganz astronomischen Studien widmete, die in seinen esoterischen Dichtungen ihren Niederschlag fanden. Schlaf wohnte mit seiner Schwester in einem damals wohl billigeren Viertel Weimars, in der Lassenstraße 31, der heutigen Trierer Straße. Auch ihn charakterisierte Franz Kafka: »Schlaf. Wohnt nicht gerade in einer Dachstube, wie es Ernst, der mit ihm zerfallen ist, uns einreden wollte. Lebhafter Mann, den starken Oberkörper von einem fest zugeknöpften Rock umspannt. Nur die Augen zucken nervös und krank. Spricht hauptsächlich von Astronomie und seinem geozentrischen System. Alles andere, Literatur, Kritik, Malerei hängt nur noch so an ihm, weil er es nicht abwirft.«

❻ Die Wohnung von Paul Klee Am Horn 53

Den am Bauhaus seit 1921 tätigen Maler Paul Klee (1879–1940) können wir uns sehr gut als Gast in Weimar vorstellen. Er schrieb seiner Frau am 11. Januar 1921: »Gestern abend zog ich in das Fremdenheim ›Haus zur Sonne, Am Horn 39‹ ein. Du schreibst nun am besten an diese Adresse. Das in Betracht kommende Haus ist nicht Nr. 25, sondern 53, auch wunderschön. Der Ittensche Plan stimmt sehr gut mit dem Augenschein überein. Es heißt zugreifen und froh sein. Der reine Landaufenthalt, auf der Höhe über dem Park. Der Weg ins Atelier führt durch diesen. Quer durch, an Goethes Gartenhaus vorbei, über die Ilm zur Ruine hinauf. Hinter dem Zukunftshaus liegt eine schöne Gemüsegärtnerei. Das Viertel ist ein Miniatur-Bogenhausen, einfach herrlich.«

Dieses Haus hat Will Grohmann aus persönlicher Erinnerung beschrieben: »Klees Wohnung in Weimar war bescheiden, aber schön gelegen, hoch über dem Park, Am Horn 53 im ersten Stockwerk. Es waren dieselben Möbel wie in München und wie in seiner letzten Wohnung in Bern. Im Wohnzimmer der Flügel, an den Wänden die eigenen Bilder und die seiner Freunde, irgendwo die Katze. Nach dem Abendessen wurde häufig mit Lily musiziert, besonders, wenn Freunde da waren, das gehörte zum Tageslauf und war ganz selbstverständlich, damals wenigstens.« Zum Malen war hier selbstverständlich kein Raum. Grohmann fährt in seiner Schilderung fort: »Im Bauhaus hatte er nun endlich und zum ersten Male im

Leben ein größeres Atelier. Es sah kunterbunt aus. In der Mitte standen ein Dutzend Staffeleien und auf jeder ein angefangenes oder fast vollendetes Bild, dazwischen ein kleiner Holzstuhl. Am Boden und auf einem Tischchen die Farbtöpfe, Aquarellkästen, Fläschchen, Tuben, Pinsel, alles sauber und geordnet. Ringsum einige Möbel und Regale, überladen mit hundert Dingen, die er im Laufe der Jahre gesammelt oder fabriziert hatte, Schmetterlinge, Muscheln, Wurzeln, gepreßte Pflanzen, Masken, Schiffchen, gebastelte Modelle, bemalte Plastiken. Und Stapel von Zeichnungen und Bilder. Pfeife rauchend saß er in diesem Gehäuse und arbeitete... Sein Weg von der Wohnung zum Bauhaus führte durch den Park, in der Nähe von Goethes Gartenhaus vorbei. Klee genoß den täglichen Spaziergang und betrachtete die Natur; die Zwiesprache mit ihr blieb sein ganzes Leben die conditio sine qua non. Er brauchte ziemlich lange für den Weg, denn jeder Vogel war ihm ein Wunder, die Veränderung des Parks im Wechsel der Jahreszeiten ein Gleichnis des Lebens.«

❼ Das Haus Am Horn 61
In enger Nachbarschaft zu Klees Wohnung wurde 1923 am Ende des Weges – am Ende der Welt! – das erste Musterhaus der Bauhausarchitektur errichtet, heute ein Denkmal der modernen Baukunst, ein Symbol für einen der vielen Versuche, im Weimar Goethes in seinem Geist neue Zeichen zu setzen. Das

Paul Klees Atelier im Bauhaus in Weimar.

Das Haus Am Horn 61. Erbaut für die Bauhaus-Ausstellung 1923.

Haus wurde von Georg Muche, dem jungen Künstler unter den Augen von Walter Gropius, als Ausstellungsgebäude für die erste Bauhaus-Ausstellung errichtet. Gropius machte sich über die Ablehnung durch das Weimarer Publikum schon 1919 keine Illusionen: »Die Bürgermeute heult gewaltig gegen mich. Zur Zeit müssen alle Schritte in der Stille geschehen, damit sie nicht hintertrieben werden können.« Das Werk, das erste Musterhaus des Bauhauses, hat alle Ideologien überlebt. Interessierte Besucher werden freundlich empfangen.

Nach diesem Ausflug in die Moderne gehen wir zurück und kommen auf leicht ansteigendem Weg bis zur Leibnizallee, der früheren Wilhelmsallee. An der rechten Seite fallen die beiden großen Häuser auf.

❽ Die Wohnung von August Heinrich Hoffmann von Fallersleben Leibnizallee 4

Sechs Jahre lebte der Schriftsteller, Sprachforscher und Germanist August Heinrich Hoffmann von Fallersleben (1798–1874) in Weimar als Privatgelehrter. Einige Monate hatte er in einer engen Gasse »trübe, feucht und kalt gewohnt«: »Wir suchten im ganzen klassischen Weimar umher, jede Wohnung, die sich für uns geeignet hätte, war besetzt. Endlich fanden wir eine am Kasernenberge, aber sie war schlecht imstande, und da die Besitzerin, eine arme Witwe, nichts dafür aufwenden konnte, so mußten wir sie erst auf unsere Kosten einrichten.«

So bezog Hoffmann von Fallersleben

mit seiner Frau am 21. November 1854 das im Grünen gelegene, von Gärten umgebene Haus. Er wurde schnell heimisch, nahm am geselligen Leben Weimars teil, gründete, wie wir schon erfahren haben, den Neu-Weimar-Verein, und war ein beliebter Gelegenheitsdichter auf den vielen Festen der bürgerlichen Kreise. Doch die Atmosphäre in der Stadt, deren Ton von den Hofräten bestimmt wurde, gefiel dem republikanisch gesinnten Gelehrten und Dichter nicht. Mit dem Goethekult hatte er nichts zu tun. Sein *Weimarisches Jahrbuch* war eine gelehrte Veröffentlichung. Als sich 1860 die Chance bot, Bibliothekar in Corvey zu werden, nahm er die Stelle an und kehrte Weimar den Rükken, wie es kurz danach auch Franz Liszt, sein Freund, tat.

Später wohnte hier der Porträtmaler Hermann Behmer, dessen Sohn Marcus Behmer (1879–1958) dort zur Welt kam. Er wurde einer der bekanntesten Jugendstil-Illustratoren.

❾ Die Wohnung von Friedrich Theodor Kräuter Leibnizallee 8

Hoffmann von Fallerslebens Nachbar war, als er einzog – Goethes Sekretär: der alte Friedrich Theodor Kräuter (1790–1856). Er hatte Goethe seit 1811 als Privatsekretär gedient und war zugleich in der Bibliothek tätig. Goethe vertraute ihm die Ordnung des Archivs und seiner Bücherbestände an. Er war eine der vielen Randfiguren des klassischen Weimar. Sein Name darf auf den Spaziergängen durch Goethes Weimar nicht unerwähnt bleiben.

❿ Der jüdische Friedhof Leibnizallee

Gegenüber Kräuters Haus entdeckt man den jüdischen Friedhof mit den wenigen Grabsteinen, vor allem der Familien Elkan und Ullmann. Dies erinnert an die kleine jüdische Gemeinde in Weimar.

Wir gehen die Musäusstraße, an deren Ecke der jüdische Friedhof liegt, ein Stück entlang und biegen nach links in den Rothäuser Bergweg ein. Vorn rechts lag der Garten eines Dichters.

⓫ Der Garten von Johann Karl August Musäus Rothäuser Bergweg

Auf dem alten Stadtplan von F. L. Güssefeld von 1784 entdeckt man Gärten, die den Hofräten Goethe, Wieland und Oppel gehörten. Auch der Schriftsteller und Schullehrer J. K. A. Musäus, dessen Haus am Kegelplatz wir auf einem früheren Spaziergang gesehen hatten, besaß vor der Stadt seinen eigenen Garten. Man erzählt, daß der Dichter im Sommer jeden Nachmittag mit einer Kaffeekanne und einem Buch unterm Arm in seinen Garten vor dem Kegeltor pilgerte. Dort erinnerte früher eine Säule an den Märchendichter.

Unser Weg führt abwärts am Parkbad vorbei zur Hans-Wahl-Straße. Dort liegt das Hauptgebäude der Goetheforschung.

⓬ Goethe- und Schiller-Archiv Hans-Wahl-Straße 4

Das große Gebäude hoch über der Ilm, 1896 errichtet und eröffnet, verwahrt Goethes literarischen und wissen-

Das Goethe- und Schiller-Archiv.

schaftlichen Nachlaß, die Manuskripte, Entwürfe, Vorarbeiten seiner Werke, die Tagebücher, die an ihn gerichteten Briefe, seine Briefentwürfe und die zahllosen handschriftlichen Dokumente seines langen Lebens. Mit großer Sorgfalt hatte Goethe zu Lebzeiten seine Papiere ordnen lassen. Dieses »Archiv des Dichters und Schriftstellers« diente ihm selbst als Quelle für seine autobiographischen Studien.

Als Goethes letzter überlebender Enkel, Walther von Goethe, 1885 starb, hinterließ er ein Testament, in dem die Großherzogin Sophie von Sachsen-Weimar als Erbin des Goetheschen Nachlasses eingesetzt worden war. Sie beauftragte Wissenschaftler und Philologen, den Nachlaß zu sichten und die große historisch-kritische Ausgabe der Werke Goethes herauszugeben. Zehn Jahre später konnten die Goethe-Philologen,

über deren Tätigkeit so viel gespottet wurde, in das neue Goethe- und Schiller-Archiv einziehen, in das Nachlässe Schillers und neuerer Dichter des 19. Jahrhunderts aufgenommen worden waren. So entstand das weimarische Literaturarchiv.

An der Spitze stand als erster Direktor Bernhard Suphan (1845–1911), ein unbestechlicher Philologe, Redakteur der 143bändigen Weimarer Goethe-Ausgabe und auch der 33bändigen kritischen Herder-Ausgabe. Als diese Werke, die er mit unerbittlicher Strenge gegen sich selbst betreut hatte, 1910 fertiggestellt waren, sah Suphan sein Lebenswerk getan. Er stellte sein Entlassungsgesuch an den Großherzog, das ohne Dank genehmigt wurde. Vier Wochen später, Anfang Februar 1911, türmte er, wie berichtet wird, einige Bände seiner Herder-Ausgabe aufeinander, stellte sich darauf, öffnete das Fenster und stürzte sich, die Bücher von sich stoßend, zu Tode. Auch dies war ein weimarisches Schicksal.

Heute ist das Goethe- und Schiller-Archiv vor allem das Zentrum der internationalen Goetheforschung. Den Gelehrten aus aller Welt steht ein Benutzersaal zur Verfügung. Besucher können einen Blick in den Schausaal werfen, in dem einige der Schätze dieses klassischen Archivs der deutschen Literatur ausliegen, das zur Stiftung Weimarer Klassik, den bisherigen Nationalen Forschungs- und Gedenkstätten der klassischen deutschen Literatur gehört. *Wir stehen auf dem Plateau vor dem Archiv und werfen einen Blick über die Stadt. Ärgerlich ist, daß ein gewaltiger Neubau am* *Jakobsplan nicht nur die Silhouette beeinträchtigt, sondern auch das alte Ensemble Weimars zerstört hat. Wir gehen nun bergauf, überqueren die Straße und biegen rechts in die Jenaer Straße ein.*

⑬ Die Altenburg
Jenaer Straße 3

Das herrschaftliche Gebäude, das 1811 für den Oberstallmeister Friedrich von Seebach erbaut wurde, hatte ehemals den Flurnamen »Die Alte Burg«. Das Haus wurde durch Franz Liszt berühmt. Er bezog 1849 eine Etage, nachdem die Fürstin Caroline von Sayn-Wittgenstein mit ihrer schönen Tochter, der Prinzessin Marie, 1848 das Haus in Besitz genommen hatte. Hier erhielt

Im Goethe- und Schiller-Archiv. Von links: Max Hecker, Hans Wahl Hans Gerhard Gräf, Julius Wahle. Um 1914.

Die Altenburg.

das künstlerische Leben Weimars in den fünfziger Jahren mit Konzerten, Abendgesellschaften und Empfängen sein glanzvolles Zentrum. »Die Fürstin hatte die Zimmer zum Teil fürstlich herrichten lassen. Es waren darin kostbare, geschmackvolle Möbeln und Kunstsachen aller Art«, erinnert sich Hoffmann von Fallersleben. »Sie waltete wahrhaft fürstlich durch ihre Gastfreundschaft und die Art und Weise, wie sie ihre Gäste empfing und zu beehren verstand. Sie war geistreich, vielseitig gebildet, belesen, eine Kunstkennerin, hatte in vielen Dingen ein richtiges Urteil, war immer bereit, jedes edle Streben zu fördern, erwies sich gegen andere freundlich, teilnehmend, unterstützte Arme und Kranke und wußte diejenigen, die sie ehrte und liebte, bei allen Gelegenheiten auszuzeichnen.«

Franz Liszt war der gefeierte und umschwärmte Hofkapellmeister, zugleich ein begnadeter Pianist und bedeutender Komponist, der auch der zeitgenössi-

schen Musik in Weimar zum Durchbruch verhalf.

Was im geistigen Leben Rang und Namen hatte, war zwischen 1850 und 1860 auf der Altenburg zu Gast, so Richard Wagner und Peter Cornelius, Hans von Bülow und Hector Berlioz, Bettina von Arnim und Fanny Lewald, Adolf Stahr und Berthold Auerbach, Friedrich Hebbel und Gustav Freytag, Johannes Brahms und Clara Schumann und viele andere.

Stets war Franz Liszt der bewunderte Mittelpunkt. So notierte Friedrich Hebbel: »Abends auf der Altenburg große Gesellschaft, wo Liszt spielte – Zigeunerrhapsodien. Am Klavier ist er ein Heros; hinter ihm in polnisch-russischer Nationaltracht mit Halbdiadem und goldenen Troddeln die Prinzessin, die ihm die Blätter umschlug und ihm dabei zuweilen durch die langen, in der

Peter Cornelius. Zeichnung von Friedrich Preller d. Ä., um 1855.

Der junge Franz Liszt. Ölbild von Ary Scheffer, 1848.

Hitze des Spiels wild flatternden Haare fuhr. Traumhaft – phantastisch!«

Doch die Glanzzeit ging Anfang der sechziger Jahre zu Ende. Die Enge der Stadt, der Hofklatsch, die Eifersucht der Kollegen, das Unverständnis der Beamten führten zum Sturz des virtuosen Künstlers, der 1861 Weimar mit der Fürstin Sayn-Wittgenstein verließ. In seinem Testament stehen bittere Worte: »Zu einer bestimmten Zeit (es sind etwa zehn Jahre her) hatte ich für Weimar eine neue Kunstperiode erträumt, ähnlich der von Carl August, wo Wagner und ich die Führer gewesen wären, wie einst Goethe und Schiller. Die Engherzigkeit, um nicht zu sagen, der schmutzige Geist gewisser örtlicher Verhältnisse, alle Arten von Mißgunst und Dummheit von draußen wie drinnen, haben die Verwirklichung dieses Traumes zunichte gemacht.« So liegt auch auf der Altenburg wie auf andern Plätzen Weimars ein Schatten der Vergeblichkeit und des Scheiterns.

Von der Altenburg gehen wir ein wenig weiter Richtung stadtauswärts, biegen dann in einen schmalen Weg nach links ein und erreichen leicht ansteigend die Tiefurter Allee im Knick, an dem rechts ein Haus aus der Jahrhundertwende steht.

Richard Wagner. Temperabild von Clementine Stockar-Escher, 1853.

⓮ Das Haus der Familie von Nostitz
Tiefurter Allee 6

Zu Beginn des Jahrhunderts gab es in Weimar einige Häuser, in denen ein besonderer Lebensstil gepflegt wurde: das Haus des Grafen Kessler an der Cranachstraße, das Haus Hohe Pap-

peln, in dem Henry van de Velde wohnte und das wir bei einem Ausflug nach Belvedere sehen werden, und eben dieses wilhelminische Haus an der Tiefurter Allee. Hier wohnte bis 1914 der Kammerherr Alfred von Nostitz-Wallwitz mit seiner Familie. Hier waren Rainer Maria Rilke und Hugo von Hofmannsthal, Alfred Walter Heymel und Eduard von Bodenhausen, Gerhart Hauptmann und Richard Dehmel zu Gast. Hier wurden Feste mit den Weimarer Freunden gefeiert: Harry Graf Kessler und Henry van de Velde, Ludwig von Hofmann und Ernst Hardt und ihre aparten Frauen gehörten zum Umgang des Hauses. *Aus dem alten Europa* hat Helene von Nostitz ihre Erinnerungen überschrieben, in denen sie dem modernen und literarischen Weimar zu Beginn unseres Jahrhunderts ein ungewöhnliches Denkmal setzte. Sie schilderte die Bauten, die Räume, die Menschen, die Feste, die Begegnungen. »Eine eigene Verwandtschaft zwischen den Bauten aus Goethes Zeit und denen van de Veldes liegt in den breiten, schweren Dächern und dem organisch aus der Erde Gewachsenen. Etwas von der Weltluft, die bei aller Bescheidenheit Goethe und die Fürsten seiner Zeit umgab und Weimar diesen eigenen Zauber verleiht, der die dumpfe Enge der Kleinstadt nie aufkommen läßt, weht auch in den Bauten und Räumen, die van de Velde geschaffen hat. So wanderte man am Abend immer neu beglückt durch die schönen Alleen von einem Freundeskreis zum andern...

Jedes Haus war in seiner Art ganz verschieden.« Sie schilderte auch ihre Nachbarn: »Die alten Schauspieler! Das war eine Erzählung für sich, diese alten, etwas zerfetzten, verträumten Gestalten, die neben uns in dem hohen, großen Gebäude wohnten, der letzten Zuflucht, die sie der Stiftung Marie Seebachs verdankten. Nun war in ihrem Alter das Leben erst recht etwas Fernes und Unwirkliches geworden. Unter der großen Kastanienallee, die nach Tiefurt führt, traf ich sie oft.« Diese Stiftung besteht noch heute als Altersheim für Schauspielerinnen und Schauspieler: Ein kleines Museum erinnert an die Stifterin.

Eröffnung der Impressionismus-Ausstellung in Weimar 1904.
Von rechts: Henry van de Velde, Harry Graf Kessler, Helene von Nostitz, Hugo von Hofmannsthal, Alfred von Nostitz, A. W. Heymel, Margarete Heymel; sitzend: Gerti von Hofmannsthal und Marie van de Velde (links).

⑮ Die Tiefurter Allee

Auch die Allee selbst, die wir nun nach Tiefurt entlanggehen wollen, hat Helene von Nostitz beschrieben: »Ja, die Tiefurter Allee, wie gut floß das Gespräch unter den breiten Kastanienbäumen, mit dem Blick auf die liebliche Landschaft! Da kam unsere russische Nachbarin, die Baronin Taube, und wir philosophierten in jener weiten, fragenden Art, die aus dem Osten stammt. In ihrer Villa war auch diese ferne, umfassende, fremdländische Atmosphäre. Dort saßen wir manchmal zusammen mit der Baronin Ungern-Sternberg, auch eine Gestalt, die ihren Platz in Memoiren finden müßte, mit ihrem feinen ahnenden Spürsinn für die Ausstrahlung ihrer Mitmenschen und dieser Bereitwilligkeit dem Leben gegenüber, die man so selten findet. Und dann war da Otto von Taube, der Dichter, der an Winterabenden manchmal zu uns herüber kam, um vorzulesen. Vor dem Hintergrund dieser Allee bekamen alle jene Menschen eine besonders markante und individuelle Silhouette. Wie gerne ging auch Rilke hier auf und ab. Er hatte schon mit einer andern, inneren Welt viel zu tun ... Ich sehe uns dort langsam auf der Tiefurter Allee wandern, wo die liebliche Landschaft so verlockend hereinschaut, und dann weiter nach Tiefurt gehen, auf der Höhe sähe man die Eisenbahnen wie Spielzeuge durch die Kornfelder fahren, meinte Rilke.«

Unser Weg führt diese wenig befahrene Tiefurter Allee entlang, vorbei an der Marie-Seebach-Stiftung, durch einen Forst, den Webicht, in dem Goethe in seinen letzten Lebensjahren oft mit seiner Schwiegertochter Ottilie in einer offenen Chaise spazierenfuhr. Es ist der alte Weg nach Tiefurt, den schon der junge Goethe gegangen, geritten oder gefahren ist. Nach einer halben Stunde erreichen wir, nachdem wir die kleine Brücke über die Ilm hinter uns gelassen haben, den Ort Tiefurt und finden den Weg zu dem Schlößchen und Park, der an das klassische Weimar erinnert und dessen Zauber den Besucher gefangenhält.

⑯ Das Schloß Tiefurt

Tiefurt ist eigentlich weder ein Schloß noch ein Schlößchen, vielmehr ein bescheidenes, am Rande einer idyllischen Parklandschaft gelegenes Gutshaus, zweigeschossig mit einem auf Holzpfeilern stehenden Altan. Es gehörte zum fürstlichen Kammergut, und an der Stelle des heutigen, immer wieder umgebauten und restaurierten Gebäudes stand das alte Wohnhaus des Gutspächters.

Als Carl August 1775 die Regierungsgeschäfte übernahm, mußte für seinen jüngeren Bruder, den Prinzen Konstantin, eine kleine Hofhaltung geschaffen werden. Da Ettersburg und Belvedere herzogliche Sommerresidenzen waren, bot sich Tiefurt an. Im Mai 1776 fand die festliche Einweihung statt: Konstantins Erzieher, Karl Ludwig von Knebel, erwies sich als tüchtiger Bauherr, der auch die Anlage des englischen Parks betrieb. Als sich Konstantin 1780 mit Knebel auf einer Bildungsreise im Ausland aufhielt, verlegte die Herzoginmutter Anna Amalia ihren Sommersitz nach Tiefurt. In den nächsten Jahren erlebten Schloß und Park ihre große Zeit. Goethe und Wieland, Herder und

Schloß Tiefurt. Tuschezeichnung von Conrad Westermayr, 1793.

Bertuch sorgten für eine gastliche Atmosphäre. Es wurde Theater gespielt und musiziert, vor allem gemeinsam gelesen und über das Gelesene gesprochen. Anna Amalia war, wie im Wittumspalais, der Mittelpunkt eines geselligen Kreises. Ihr stand Louise von Göchhausen, die witzige und belesene Hofdame zur Seite. Man redigierte 1781 bis 1784 eine handschriftlich vervielfältigte Zeitschrift, das *Tiefurter Journal*. Carl August und Goethe, Wieland und Herder, Knebel und Merck, die beiden musischen Kammerherren Friedrich Hildebrand von Einsiedel und Siegmund von Seckendorff lieferten poetische Beiträge, Prosatexte, Rätsel, Übersetzungen und Scherze. Bis zum Herbst 1806, ein Jahr vor Anna Amalias Tod, war Tiefurt ein Lieblings-

ort der Weimarer Hofgesellschaft, in der Adel und Bürgertum im Zeichen der Künste vereinigt war. Daß Tiefurt nicht der Vergangenheit anheimfiel, ist Carl Augusts Enkel, Carl Friedrich, zu verdanken, der noch zu Goethes Lebzeiten den historisch gewordenen Ort, das Haus und den Park wiederherstellte. So ist es bis heute geblieben. Tiefurt, seit vielen Jahren ein Juwel in Goethes Weimar, wird heute von der Stiftung Weimarer Klassik gepflegt und steht mit seinen liebevoll hergerichteten Zimmern im Schloß und den gepflegten Parkanlagen dem Besucher zur Besichtigung offen.

Das Goethezimmer und das Speisezimmer, das Kaminzimmer und das Schlafzimmer sind mit Möbeln und Öfen, Bildern und Büsten aus dem 18. Jahr-

Herzogin Anna Amalia. Kupferstich nach einem Ölbild von J. E. Heinsius.

und Liebe werden die majestätischen Bäume, die Sträucher, die Wiesen gepflegt. Jeder Blick gibt neue reizvolle Aussichten frei. Was zu Knebels Zeiten begonnen wurde, hat ein Schüler des Gartenarchitekten Fürst Pückler im 19. Jahrhundert vollendet.

Auf unserm Gang durch den Park verweilen wir an Denkmälern und Inschriften, Steinen und Monumenten, die den Parks in und um Weimar ihr unverwechselbares Gepräge geben. Unser Weg führt vom Schlößchen her vorbei an einem Stein mit Versen geradeaus zum Teesalon, dann nach rechts zum Mozart-Denkmal. Von dort halten wir uns an der Brücke nach links, kommen an Herders Denkmal vorüber und gelangen so zu dem Platz an der Ilm, an dem einst Theater gespielt wurde. Der kleine Anleger erinnert noch daran. Wir gehen zum Musentempel, dann im Bo-

hundert ausgestattet. Man wird von Zimmer zu Zimmer gehen, Porträts von Anna Amalia und Corona Schröter, von Goethe und Knebel und manchen anderen betrachten, die Silhouetten und Kupferstiche, die Aquarelle von Georg Melchior Kraus und die zahlreichen Büsten von Gottlieb Martin Klauer anzusehen. Man wird dort verweilen, wo Anna Amalias Tafelrunde sich versammelte oder wo sich Louise von Göchhausen mit Goethes *Urfaust* beschäftigte.

⑰ Der Park von Tiefurt

Der Besichtigung des Schlößchens schließen wir einen Gang durch den gepflegten englischen Park an, der von der Ilm umflossen wird, die hier eine Schleife gebildet hat. Mit Augenmaß

Louise von Göchhausen. Bleistiftzeichnung von Goethe, um 1780.

Goethezimmer in Schloß Tiefurt.

gen am Fluß entlang, den wir an der Brücke überqueren, um uns nach rechts zu wenden: vorbei an den Denkmälern für Wieland und den Prinzen Leopold gehen wir zurück und bleiben auf dem Weg am jenseitigen Ufer der Ilm, vorüber an einem Amor und dem Denkmal für Prinz Konstantin, sehen drüben die Felsengrotte liegen und erreichen die zweite Brücke über die Ilm. So kehren wir zum Schloß zurück.

Die Erinnerungsstätten, die wir gesehen haben, sollen zum Schluß erläutert werden.

⓲ Der Stein mit den Versen von Friedrich Matthisson

Verse und Inschriften begleiten den Spaziergänger auf seinem Weg. Auf dem Steinquader, dem Eingang gegenüber, sind es drei Zeilen des empfindsamen Lyrikers Friedrich Matthisson, die die Erinnerung an Tiefurts goldene Zeit verkünden:

Hier wohnt Stille des Herzens, goldene
        Bilder
Steigen aus der Gewässer klarem
        Dunkel.
Hörbar waltet am Quell der leise Fittig
        segnender Geister!

⓳ Der Teesalon

Anstelle einer Borkenhütte wurde dieser alte Teesalon 1805 errichtet, ein später Bau also, der sich nicht ganz harmonisch in die Gestaltung des Parks einordnet.

⓴ »Mozart und den Musen«

Das Denkmal für Wolfgang Amadeus Mozart – ein runder Altar mit zwei Masken, gegen eine Lyra gelehnt und der Inschrift – wurde von Johann Heinrich Meyer, Goethes Kunstfreund, im Auftrag der Herzogin Anna Amalia entworfen. Es ist das erste Denkmal, das man dem berühmten Komponisten der *Zauberflöte* setzte.

Der Mozart-Stein.

㉑ Der Gedenkstein für Johann Gottfried Herder

Herder, Prediger und gelehrter Schriftsteller, war der Vertraute der Herzogin Anna Amalia, ein anregender und geistreicher, hochgebildeter und belesener Gesellschafter an der Tafelrunde der Fürstin. Ähnlich dem Stein für den Dessauer Fürsten in Weimars Park wurde der hohe Kalksteinblock mit der schlichten Inschrift HERDER versehen. Der Wanderer wird an den Freund und Seelsorger der Herzogin erinnert, die diesen Park nach ihren Empfindungen und Sympathien gestalten ließ.

㉒ Das Naturtheater an der Ilm

Der berühmteste Platz im Tiefurter Park ist der Ort, an dem man an Goethes Geburtstag, am 28. August 1781, dem Dichter zu Ehren ein Schattenspiel am hereinbrechenden Abend aufführte, in dem Männer und Frauen des Hofes mitwirkten. Das Stück hieß *Minervens Geburt, Leben und Taten* und wurde von Siegmund von Seckendorff verfaßt. Die Aufführung des Weimarer Liebhabertheaters, das Goethe selbst ins Leben gerufen hatte, beherrschte später lange die Gespräche in Tiefurt. Carl August selbst schrieb die Kritik im Journal.
Im nächsten Sommer, am 22. Juli 1782, und den folgenden Tagen wurde erneut ein Stück »auf dem natürlichen Schauplatz zu Tiefurt an der Ilm vorgestellt«, das von Goethe für den Abend geschriebene Singspiel *Die Fischerin*. Die Flußlandschaft und der dahinterliegende Wald waren als natürliche Kulisse einbezogen worden. Corona Schröter, die gefeierte Sängerin, spielte die

Musentempel im Tiefurter Park.

㉔ Wielands Denkmal

An dem einladenden Platz, an dem heute die von Gottfried Schadow modellierte Büste für Christoph Martin Wieland aufgestellt ist, standen zu Anna Amalias Zeiten drei Denkmäler, die die Herzogin Wieland, Goethe und Herder zu Lebzeiten gewidmet hatte. Die von Gottlieb Martin Klauer geschaffenen Büsten gingen schon im frühen 19. Jahrhundert verloren, und das heutige Denkmal für Wieland mit Tisch und Bank erinnert daran, daß das Dreigestirn der klassischen Dichter das literarische Leben in Tiefurt durch seine Gegenwart auszeichnete.

Hauptrolle, und die von ihr selbst vertonten Liedeinlagen begeisterten das Publikum, das in einer Mooshütte Platz genommen hatte. Georg Melchior Kraus hat eine der Szenen in einem berühmt gewordenen Aquarell überliefert. Der Platz an der Ilm erinnert an diese Theaterabende im Tiefurter Park.

㉓ Der Musentempel

Inmitten gepflegter Blumenrabatten erhebt sich weithin sichtbar ein offenes Rundtempelchen, dessen sechseckiges Dach von sechs ionischen Säulen getragen wird. Es erhielt mit der Statue der Polyhymnia, der Muse des ernsten Gesangs, 1803 seine heutige Gestalt. Vorher stand dort die reizvolle Marmorgruppe von Gottlieb Martin Klauer, das liebevoll aneinandergeschmiegte Geschwisterpaar Kaunus und Biblis. Diese berühmt gewordene Skulptur kann man heute noch im Bibliothekssaal der Weimarer Bibliothek bewundern.

㉕ Das Denkmal für Maximilian Leopold, Herzog zu Braunschweig-Wolfenbüttel

Ihrem Bruder Leopold setzte Anna Amalia in der wilden Landschaft, abseits des Weges, ein mächtiges Denkmal: Auf den aufgeschütteten Steinen erhebt sich der mit einem Relief des Herzogs versehene Sockel, der eine mächtige Urne trägt. »Dem verewigten Leopold. Anna Amalia« liest man auf der am Denkmal lehnenden Tafel. Das Monument, von Adam Friedrich Oeser und Gottlieb Martin Klauer geschaffen, erinnert an ein Ereignis, das die Zeitgenossen erregte: Am 27. April 1785 war der Herzog, ein preußischer General, bei dem Versuch, Menschen aus der Hochwasser führenden Oder zu retten, in den reißenden Fluten umgekommen. In Gedichten und Schriften wurde die Tat eines Fürsten, der einfache Bürger zu retten versuchte, verherrlicht. In Weimar war die Trauer groß. Auch

**Denkmal für Herzog Maximilian Leopold von Braunschweig.
Kolorierter Stich von Georg Melchior Kraus, um 1790.**

Goethe hat Verse zur Erinnerung verfaßt; nur der Alte Fritz in Potsdam war ergrimmt über so viel Torheit seines leichtsinnigen Neffen.

㉖ Amor als Nachtigallenfütterer

Im Gegensatz zu den mächtigen, den Fürsten gesetzten Denkmälern entdeckt man am Wege einen Stein mit der kleinen Statue eines Amors. Das Denkmal ist eine Huldigung an die Schauspielerin Corona Schröter, deren Gesang Goethe in den Versen verewigte, die man auf dem Stein liest:

Dich hat Amor gewiß, o Sängerin, fütternd erzogen;
Kindisch reichte der Gott dir mit dem Pfeile die Kost.
Schlürfend saugtest du Gift in die unschuldige Kehle,
Und mit der Liebe Gewalt trifft Philomele das Herz.

㉗ Das Denkmal für den Prinzen Konstantin

Während der Revolutionskriege starb 1793 Anna Amalias zweiter Sohn, der Prinz Konstantin. Die trauernde Mutter ließ ihrem »zweyten und letzten zu früh abgeschiedenen Sohne« ein mächtiges Mahnmal in der Form eines römischen Sarkophags errichten. Die Inschrift verfaßte Goethe.

㉘ Die künstliche Felsengrotte

Wie im Park zu Weimar, so beleben auch in Tiefurt sentimentale Naturdenkmäler die Parklandschaft. So entstand diese kleine Felsengrotte am Ufer der Ilm. Sie gehört, wie überliefert wird, »zu den ältesten gefühlvollen Plätzen Tiefurts«.

Nach der Besichtigung des Schlosses und dem Gang durch den Park von Tiefurt kehren wir durch den Webicht zurück, gehen die Tiefurter Allee entlang, biegen am Knick nach rechts und wieder nach links ein und erreichen so das Goethe- und Schiller-Archiv. Wir sind kurz vorher an einem schmalen Weg vorbeigekommen. Sein Name »Am Schießhaus« weist darauf hin, daß in der Nähe das neue Weimarer Schützenhaus gestanden hat, das 1803/04 von dem Schloßbaumeister Heinrich Gentz gebaut worden war. Goethe nahm dort hin und wieder an den Volksfesten teil. Heute sind nur noch Reste der einst bekannten Anlage vorhanden.

Vom Goethe- und Schiller-Archiv gehen wir über die Kegelbrücke am Schloß vorbei zum Platz der Demokratie zurück und kommen so zum Denkmal Carl Augusts, das uns die Wege durch Weimar gewiesen hat.

Nehmen wir Abschied von Weimar mit den Worten der Helene von Nostitz: »Es war ein sonniger Tag in der Tiefurter Allee, als wir Weimar verließen. Durch die dichten Kastanienblätter drangen einige schräge Sonnenstrahlen und fielen auf die noch schöne Gestalt einer alten Dame, die voller Würde und Trauer mit einigen roten Rosen in der Hand dastand. Ihr Kopf hatte die Majestät und Dramatik eines Adlerkopfes, der immer nach der Höhe und Ferne ausschaut. Frau von Helldorf war eine Bewohnerin des ›Horns‹ und Vertreterin des alten Weimars, das noch von der Zeit Franz Liszts träumte, dessen

Freundin sie gewesen war. Auch das Neue war sie bereit mitzuempfinden, aber diese Bereitschaft wurde oft enttäuscht; denn jene Welt voll rauschender Biegsamkeit und farbiger Heiterkeit war einer herberen gewichen, die die Jugend von 1920 doch schon wieder als Romantik empfinden würde. Eine Kühle lag in diesen Anfängen einer neuen Zeit, der sie oft ratlos gegenüberstand. Und nun war sie gekommen, um uns in der Tiefurter Allee Lebewohl zu sagen, denn sie wußte, was Abschiednehmen heißt. So werde ich sie immer sehen, unter diesen breiten Bäumen, mit der Träne im Auge, den Rosen in der Hand, wie ein Denkmal zwischen zwei Jahrhunderten stehend.«

Allee im Park Belvedere.

Ausflüge

Wer Weimar besucht, wird nach den Spaziergängen vielleicht auch die Städte, Schlösser und Stätten Thüringens in der näheren und weiteren Umgebung kennenlernen wollen, die in Goethes Leben eine Rolle gespielt haben: Gotha und Erfurt, Meiningen und Rudolstadt, vor allem die nahegelegene Universitätsstadt Jena, in der das Frommannsche Haus und das Inspektorhaus im Botanischen Garten an Goethe erinnern, das Amtshaus in Ilmenau, das Jagdschloß Gabelbach und der nahe gelegene Kickelhahn, das Goethehaus in Stützerbach und die Klosterruine in Paulinzella. Doch wir wollen uns auf die nähere Umgebung Weimars beschränken und nach unseren Spaziergängen nun auf Belvedere, Ettersburg, Großkochberg, die Dornburger Schlösser und Oßmannstedt hinweisen.

Belvedere

Die Belvedere-Allee führt zu dem Schloß, das man zu Fuß in einer knappen Stunde erreichen kann. Wir kommen vorbei an der Ecke Helmholtzstraße, früher Elisabethstraße 4, an der das im Zweiten Weltkrieg durch Bomben zerstörte Haus des Malers Ludwig von Hofmann (1861–1945) stand. Er war Lehrer an der Kunstschule und ein Freund von Harry Graf Kessler. Seine dekorativen Jugendstilbilder sind in den Kunstsammlungen ausgestellt. Auch das Haus Hohe Pappeln, das Henry van de Velde für sich und seine Familie 1907 baute, liegt am Wege: Belvedere-Allee 58, den ersten Häusern von Ehringsdorf gegenüber.

Das Schloß Belvedere, das wir durch eine schattige Allee erreichen, wurde von 1724 bis 1726 unter Herzog Ernst August von Sachsen-Weimar (1688–1748) in einer waldreichen Lage erbaut. Es war eine beliebte Sommerresidenz der herzoglichen und später der großherzoglichen Familie. Hier schlug der junge Herzog Ernst August Konstantin (1737–1758), der Sohn des Erbauers, sein Hoflager auf. Seine Witwe Anna Amalia liebte Schloß und Park, den Carl August im englischen Stil umgestalten ließ. Hier weilten die »Lustigen von Weimar« mit großem Vergnügen, wie Goethe rückblickend in einem Gedicht geschrieben hat:

Donnerstag nach Belvedere,
Freitag geht's nach Jena fort;
Denn das ist, bei meiner Ehre,
Doch ein allerliebster Ort!
Samstag ist's, worauf wir zielen;
Sonntag rutscht man auf das Land;
Zwätzen, Burgau, Schneidemühlen
Sind uns alle wohlbekannt.

Montag reizet uns die Bühne;
Dienstag schleicht dann auch herbei,
Doch erbringt zu stiller Sühne
Ein Rapuschchen frank und frei.
Mittwoch fehlt es nicht an Rührung;
Denn es gibt ein gutes Stück;
Donnerstag lenkt die Verführung
Uns nach Belveder' zurück.

Berühmt wurde Belvedere wegen seiner Orangerie: Hier konnten Kenner und Liebhaber Gewächse, Blumen und Pflanzen, aus aller Herren Länder studieren. Im Zusammenhang mit diesem botanischen Garten wurde 1828 der Verein für Gartenbau und Blumistik gegründet. Die Erbprinzessin Maria Pawlowna bewohnte mit ihrer Familie

Schloß Belvedere.

das Schloß, nachdem das französische Institut, das Emigranten unter Jean Josephe Mounier 1795 in den Kavaliershäusern eingerichtet hatten, 1802 geschlossen worden war.

Hier lebten später Johann Heinrich Meyer und Frédéric Soret, Alexander von Humboldt und der Fürst Pückler-Muskau waren zu Gast, und viele Künstlerfeste fanden im 19. Jahrhundert statt. Rilke und Hofmannsthal liebten Schloß und Park Belvedere, Oskar Schlemmer hatte sein Atelier in einem der Kavaliershäuser. Auch den heutigen Besuchern wird die Anlage der Gebäu-

de, die Orangerie, der weitläufige Park, der Russische Garten gefallen, und er wird gern in Belvedere verweilen.

Ettersburg

Im Gegensatz zu Belvedere ist das Schloß Ettersburg, das man nach etwa zehn Kilometern Fahrt Richtung Sömmerda erreicht, heute verfallen.

Im frühen 18. Jahrhundert hatten die Herzöge von Sachsen-Weimar an diesem Ort, wo schon im Mittelalter eine Burg und ein Stift gestanden hatten, ein Jagdschloß in der reizvollen Waldland-

Schloß Ettersburg.

schaft bauen lassen. 1723 ließ Ernst August ein neues Schloß in unmittelbarer Nachbarschaft errichten, das dem Hof als Sommerresidenz diente. Hier wurde zur Zeit des jungen Carl August von 1778 bis 1782 Theater gespielt: Goethes *Jahrmarktsfest zu Plundersweilern*, und *Die Laune des Verliebten* wurden inszeniert, es wurde getanzt, musiziert, gemalt, gefeiert. Die Herzoginmutter Anna Amalia war der attraktive Mittelpunkt.

An diese Zeit und an das kleine Jagdschloß gibt es heute in Ettersburg keine Erinnerungen mehr, auch der Ruheplatz auf dem Weg dorthin, den Herder liebte und der nach ihm »Herdersruh« hieß, ist verschwunden.

Seit Jahren wird versucht, das neue Schloß zu retten. Vielleicht hängt es mit dem nahegelegenen Konzentrationslager Buchenwald am Ettersberg zusammen, daß man diese klassische Stätte vernachlässigt hat. Die Schatten von Buchenwald, wo Zehntausende von Gefangenen umgekommen sind, liegen noch heute über dem Ettersberg und der Ettersburg.

Der Besucher sollte aber nicht versäumen, die Gedenkstätte Buchenwald, in der DDR-Zeit als nationales Mahnmal an die Opfer und Leiden des Konzentrationslagers 1954–1958 errichtet, kennenzulernen. Er wird im Schatten der Goetheschen Welt schmerzlich nacherleben, wie in unserer Geschichte Humanität und Bestialität nahe beieinander liegen. Einer der vielen KZ-Häftlinge war der Dichter Ernst Wiechert: Seinen zu Unrecht fast vergessenen autobiographischen Bericht *Der Totenwald* sollte man im nachhinein lesen oder wiederlesen.

Großkochberg

Ein weiterer Ausflug kann uns über Bad Berka südlich von Weimar nach Großkochberg führen, das wir nach einer halbstündigen Autofahrt erreichen. Das sorgfältig wiederhergerichtete, einstige Wasserschloß gehörte im 18. Jahrhundert der Familie von Stein. Hierher ritt der junge Goethe oft, um Charlotte von Stein, die geliebte Frau des Oberhofmarschalls, zu treffen oder in ihrer Abwesenheit von ihr zu träumen.

Im Haus ist ein Museum eingerichtet, das an diese Frühzeit Goethes und an die schönsten Jahre im Leben der Frau von Stein erinnert. Im Goethezimmer und im »Roten Salon« sieht man sich umgeben von einer erlesenen Wohnkultur. Auf der Liebhaberbühne, die Karl von Stein, der Sohn Charlottes, in dem gepflegten Garten 1815 im klassizistischen Stil errichten ließ, wird noch heute regelmäßig Theater gespielt.

Oben: Großkochberg.
Unten: Das Rokokoschloß Dornburg.

Ein Besuch Großkochbergs lohnt sich nicht nur zur Besichtigung des geschmackvoll eingerichteten Hauses, sondern auch um in der gepflegten Gartenanlage spazierenzugehen.

Die Dornburger Schlösser

»Ich weiß nicht, ob Dornburg dir bekannt ist; es ist ein Städtchen auf der Höhe im Saaltale unter Jena, vor welchem eine Reihe von Schlössern und Schlößchen gerade am Absturz des Kalkflötzgebirges zu den verschiedensten Zeiten erbaut ist; anmutige Gärten ziehen sich an Lusthäusern her; ich bewohne das alte, neuaufgeputzte Schlößchen am südlichsten Ende. Die Aussicht ist herrlich und fröhlich«, schrieb Goethe am 10. Juli 1828 seinem Freunde Zelter. Den Ort, an den sich der alte Geheimrat nach dem Tode von Carl August zurückgezogen hatte, und an dem er zum Leben zurückfand, erreicht der Besucher von Weimar aus über das nahegelegene Jena. Er fährt die Straße in Richtung Naumburg und gelangt zu dem von Goethe beschriebenen Ort, den man von weitem auf der Höhe liegen sieht.

Es sind drei Schlösser erhalten, die seit dem 18. Jahrhundert den Herzögen von Sachsen-Weimar gehörten und die Goethe seit 1777 kannte. Mit den Weinstöcken und den gepflegten Gärten waren sie der Lieblingsaufenthaltsort des alten Großherzogs in seinen letzten Lebensjahren.

Das südliche Schloß, in dem Goethe 1828 wohnte, ist das Renaissanceschloß, das der Besucher besichtigen kann. Die untere und obere Halle, das Kaminzimmer, das Martin Klauer-Zimmer sind im Laufe der letzten Jahrzehnte wieder eingerichtet worden. In der Bergstube wohnte Goethe 1828. Nicht weit entfernt liegt, von einer hübschen Gartenanlage umgeben, das Rokokoschloß. Es ist der mittlere Bau der drei Schlösser, den man ebenfalls in seiner festlichen Einrichtung kennenlernen kann.

Das alte Schloß dagegen, in einiger Entfernung gelegen, war schon zu Goethes Zeiten ein Amtshaus und steht heute außerhalb der Anlage, die die Goethe-Gesellschaft 1922 übernommen und erneuert hatte. Seit 1954 gehören die Dornburger Schlösser zu den Nationalen Forschungs- und Gedenkstätten der klassischen deutschen Literatur in Weimar, der heutigen Stiftung Weimarer Klassik.

Oßmannstedt

Auch das ehemalige Gutshaus in Oßmannstedt, das der Besucher auf dem Wege nach Apolda, also in nordöstlicher Richtung, nach kurzer Fahrt erreicht, wird heute von den Weimarer Forschungs- und Gedenkstätten betreut. Christoph Martin Wieland, der seit 1772 mit seiner großen Familie in Weimar wohnte, erwarb das Gut Oßmannstedt 1797 und lebte hier in ländlicher Abgeschiedenheit in der Nachbarschaft von Oberroßla, dem Gut, das Goethe fast zu gleicher Zeit erworben hatte. Es waren für den Dichter des *Agathon* keine glücklichen Jahre. 1801 starb hier seine Frau. Sie wurde im Park an der Seite der 1800 gestorbenen Sophie Brentano beigesetzt, der Enkelin von Goethes

Das Grab von Christoph Martin Wieland in Oßmannstedt. Unsignierter Stich.

Freundin Sophie von la Roche. Im Winter 1802/03 hatte sich noch zehn Wochen der junge Heinrich von Kleist auf dem Gut Oßmannstedt aufgehalten, dann gab der alte Wieland sein Landgut auf und zog wieder nach Weimar, wo er 1813 starb. Seine letzte Ruhestätte fand er an der Seite seiner Frau in Oßmannstedt. Das Grab befindet sich an dem von der Ilm umflossenen Platz.

Literaturverzeichnis

Bach, Anita [u. a.]: Clemens Wenzeslaus Coudray. Baumeister der späten Goethezeit. Weimar 1983 (Tradition und Gegenwart. Weimarer Schriften H. 7)

Barth, Ilse-Marie: Literarisches Weimar. Kultur, Literatur, Sozialstruktur im 16.–20. Jahrhundert. Stuttgart 1971

Bechstein, Karl: Schlösser und Gärten in Alt-Weimar. Weimar 1936 (Neue Beiträge zur Geschichte der Stadt Weimar. Bd. 1, H. 4)

Bechstein, Karl: Häuser und Gärten in Alt-Weimar. Weimar 1938. (Neue Beiträge zur Geschichte der Stadt Weimar. Bd. 2, H. 1)

Biedenfeld, Ferdinand Frh. v.: Weimar. Ein Führer für Fremde und Einheimische. Weimar 1841

Bode, Wilhelm: Damals in Weimar. Weimar 1910

Bode, Wilhelm: Das Leben in Alt-Weimar. Ein Bilderbuch. Weimar 1917

Burghoff, Ingrid und Lothar: Reisen zu Goethe. Wirkungs- und Gedenkstätten. 2. Aufl. Berlin, Leipzig 1982

Deetjen, Werner: Auf den Höhen Ettersburgs. Blätter der Erinnerung. Leipzig 1924

Deetjen, Werner: Schloß Belvedere. Leipzig 1926

Diezmann, August: Goethe und die lustige Zeit in Weimar. Leipzig 1857

Eckhardt, Dieter und Seifert, Jürgen: Schloß Tiefurt. Neuaufl. Weimar 1983

Ehrlich, Willi: Schloß Kochberg. Goethe-Gedenkstätte. 7. Aufl. Weimar 1981

Ehrlich, Willi: Das Wittumspalais in Weimar. 2. Aufl. Berlin, Weimar 1971

Fink, Fritz: Alt-Weimar. Das Weimar Goethes und seine Geschichte. Weimar 1932

Gassner, August: Goethe als Eisläufer. Bern, Frankfurt a. M. 1990

Gothe, Rosalinde: Die Dornburger Schlösser. 4. Aufl. Weimar 1980

Gräbner, Karl: Die Großherzogliche Haupt- und Residenz-Stadt Weimar. Erfurt 1830

Greiner-Mai, Herbert: Weimar. Bilder einer traditionsreichen Stadt. Fotos von Klaus G. Beyer. Berlin, Weimar 1989

Grube, Walter: Weimar. Frankfurt a. M. 1971

Güssefeld, F. L.: Plan von der Fürstlich sächsischen Residenz-Stadt Weimar. Nürnberg 1784

Hahn, Karl-Heinz (Hg.): Goethe in Weimar. Mit Fotos von Jürgen Karpinski. Leipzig 1986

Handrick, Willy: Johann Joseph Schmeller. Ein Maler im Dienst Goethes. Berlin, Weimar 1966

Hecker, Jutta: Die Altenburg. Geschichte eines Hauses. 31.–40. Tsd. Weimar 1957

Hecker, Jutta: Wunder des Worts. Leben im Banne Goethes. Berlin 1989

Hemmann, Paul: Die Brunnen in Weimar. Weimar 1972 (Weimar. Tradition und Gegenwart. H. 19)

Henning, Hans: Die Bibliothek der Nationalen Forschungs- und Gedenkstätten in Weimar. Weimar 1974 (Weimar. Tradition und Gegenwart. H. 26)

Huschke, Wolfgang, u. Vulpins, Wolfgang: Park um Weimar. Ein Buch von Dichtung und Gartenkunst. Weimar 1958

Huschke, Wolfram: Musik im klassischen und nachklassischen Weimar. 1756–1861. Weimar 1982

Jericke, Alfred: Goethes Wohnhaus. 7. Aufl. Weimar 1973

Jericke, Alfred und Dolgner, Dieter: Der Klassizismus in der Baugeschichte Weimars. Weimar 1975

Kaiser, Paul: Das Haus am Baumgarten. T. 1: Friedrich Justin Bertuch ... und das Landes-Industrie-Comptoir. Weimar 1980 (Weimarer Schriften zur Heimatgeschichte und Naturkunde. H. 32)

Kaminiarz, Irina: August Heinrich Hoffmann von Fallersleben in Weimar. 1854–1860. Weimar 1988 (Tradition und Gegenwart. Weimarer Schriften. H. 30)

Kriesche, Ernst: Die Stadt Weimar. Weimar 1914

Kühn, Paul: Weimar. 2. Aufl. bearb. von Hans Wahl. Leipzig 1919

Kühnlenz, Fritz: Erlebtes Weimar. Rudolstadt 1966

Kühnlenz, Fritz und Meßner, Paul: Weimar. Stadtführer und Atlas. 3. Aufl. Berlin, Leipzig 1988

Meßner, Paul: Bauten und Denkmale in Weimar. Ihre Geschichte und Bedeutung. Weimar 1984. (Tradition und Gegenwart. Weimarer Schriften. H. 5)

Neubert, Franz: Goethe und sein Kreis. 2. Aufl. Leipzig 1922

Oswald-Ruperti, Alice: Goethes Weimar im Bild. Hamburg 1949

Paszkowiak, Alfred und Ehrlich, Willi: Weimar. Leipzig 1977

Piana, Theo: Weimar. Stätte klassischer Tradition. Bilder von Günther und Klaus Beyer. Weimar 1956

Pretzsch, Alfred, u. Hecht, Wolfgang: Das alte Weimar skizziert und zitiert. Weimar 1975

Ranft, Gertrud: Historische Grabstätten aus Weimars klassischer Zeit. 4. Aufl. Weimar 1988

Saupe, Paul: Johannes Daniel Falk 1768–1826. Weimar 1979 (Weimar. Tradition und Gegenwart. H. 31)

Schädlich, Christian: Bauhaus Weimar 1919–1925. Weimar 1989 (Tradition und Gegenwart. Weimarer Schriften H. 35)

Schätze der Kunstsammlungen zu Weimar. Weimar o.J.

Scheidig, Walther: Die Geschichte der Weimarer Malerschule 1860–1900. Weimar 1971

Schmidt, Eva: Jüdische Familien im Weimar der Klassik und Nachklassik und ihr Friedhof. Weimar 1984 (Tradition und Gegenwart. Weimarer Schriften. H. 8)

Schmidt, Werner: Hier wohnte ... Eine Weimarer Chronik von Lucas Cranach bis Louis Fürnberg. 3. Aufl. Weimar 1976 (Weimar. Tradition und Gegenwart. H. 10)

Schnaubert, Guido: Weimars Stadtbild um das Jahr 1782/84. Weimar 1909

Schmitt, Askan: Weimar von A bis Z. Ein Auskunftsbuch für Einheimische und Fremde. Weimar 1932

Schneemann, Walther: C.W. Coudray, Goethes Baumeister. Ein Bild deutschen Bauschaffens in der Zeit des Klassizismus. Weimar 1943

Schöll, Adolf: Weimars Merkwürdigkeiten einst und jetzt. Weimar 1857

Schorn, Adelheid von: Das nachklassische Weimar. T. 1–2. Weimar 1911–1912

Schrickel, Leonhard: Führer durch Weimar. 11.–20. Tsd. Weimar 1930

Schrickel, Leonhard: Weimar. Eine Wallfahrt in die Heimat aller Deutschen. Weimar 1926

Schuster, Gerhard, u. Pehle, Margot: Harry Graf Kessler. Tagebuch eines Weltmannes. Eine Ausstellung des Deutschen Literaturarchivs in Marbach a. Neckar. Marbach 1988 (Marbacher Kataloge. 43)

Sedlacek, Carola: Das Kirms-Krackow-Haus in Weimar. 2. Aufl. Weimar 1989

Seifert, Siegfried: Weimar. Stadt der Klassik. Weimar 1988

Thomas, Kurt: Johann Nepomuk Hummel und Weimar. Komponist, Klaviervirtuose, Kapellmeister 1778–1837. Weimar 1987 (Tradition und Gegenwart. Weimarer Schriften. H. 26)

Wahl, Hans: Das Wittumspalais in Weimar. Leipzig 1927

Wahl, Hans, u. Kippenberg, Anton [Hg.]: Goethe und seine Welt. Leipzig 1932

Weimar um 1900: Photographien von Louis Held. Hg. von Renate und Eberhard Renno. Einf. von Renate Müller-Krumbach. München 1984

Quellenverzeichnis und Zitatnachweis

Andersen, Hans Christian: Aus Andersens Tagebüchern. Bd. 1–2. Hg. von Heinz Barüske. Frankfurt a. M. 1980

Böcklin-Memoiren. Hg. von Ferdinand Runkel. Berlin 1910

Böhlau, Helene: Ratsmädelgeschichten. Weimar 1888

Max Brod – Franz Kafka, eine Freundschaft. Reiseaufzeichnungen. Hg. von Malcolm Pasley. Frankfurt a. M. 1987

Großherzog Carl Alexander und Franz Liszt. Hg. von Peter Raabe. Leipzig 1918

Briefwechsel des Herzogs-Großherzogs Carl August mit Goethe. Hg. von Hans Wahl. Bd. 1–3. Berlin 1915–1918

Eckermann, Johann Peter: Gespräche mit Goethe in den letzten Jahren seines Lebens. 17. Aufl. Hg. von H. H. Houben. Leipzig 1918

Egloffstein, Hermann Frh. von (Hg.): Alt-Weimars Abend. München 1923

Falk, Johannes: Goethe aus näherem persönlichem Umgang dargestellt. Ein nachgelassenes Werk. Hg. von K. G. Wendriner. Berlin 1911

Ferdinand Freiligrath. Ein Dichterleben in Briefen. Von Wilhelm Buchner. Bd. 1–2. Lahr 1882

Genast, Eduard: Aus dem Tagebuch eines alten Schauspielers. T. 1–4. Leipzig 1862–66

Goethe, Johann Wolfgang von: Werke. Hg. im Auftr. der Großherzogin Sophie. Abt. I–IV. 143 + 3 Bde. Weimar 1887–1919. – Reprint: München 1987–90

Grillparzer, Franz: Selbstbiographie. In: Grillparzer, Sämtliche Werke. Hg. von August Sauer. Abt. I, Bd. 16. Wien 1925. S. 61–231

Grohmann, Will: Paul Klee. Stuttgart 1954

Gustedt, Jenny von: Aus Goethes Freundeskreis. Erinnerungen. Hg. von Lilly von Kretschmann. Braunschweig 1892

Gutheil-Schoder, Marie: Erlebtes und Erstrebtes. Wien 1937 (Veröffentlichungen des Vereins für Museumsfreunde in Wien. 6)
Hebbel, Friedrich: Briefe. Bd. 6. 1757–1860. Berlin 1906 (Hebbel, Sämtliche Werke. Abt. 3, Bd. 6)
Wanderungen und Lebensansichten des Buchbinder-Meisters Adam Henß. Jena 1845
Hoffmann von Fallersleben, August Heinrich: Mein Leben. Aufzeichnungen und Erinnerungen. Bd. 5. Hannover 1868
Hugo von Hofmannsthal – Harry Graf Kessler. Briefwechsel 1898–1929. Hg. von Hilde Burger. Frankfurt a. M. 1968
Immermann, Karl: Zwischen Poesie und Wirklichkeit. Tagebücher 1831–1840. Hg. von Peter Hasubek. München 1984
Immermann, Karl: Briefe. Hg. von Peter Hasubek. Bd. 2. 1832–1840. München 1979
Die Erinnerungen der Karoline Jagemann. Hg. von Eduard von Bamberg. Dresden 1926
Jördens, Karl Heinrich: Lexikon deutscher Dichter und Prosaisten. Bd. 1–6. Leipzig 1806–1811 (darin: Musäus)
Kandinsky, Nina: Kandinsky und ich. München 1976
Klee, Paul: Briefe an die Familie 1893–1940. Hg. von Felix Klee. Bd. 2. 1907–1940. Köln 1979
Litzmann Berthold: Ernst von Wildenbruch. Bd. 1.2. Berlin 1913–1916
Mann, Thomas: Meine Goethereise. Rede am 5. April 1932. In: Mann, Gesammelte Werke. Bd. 13. Frankfurt a. M. 1974. S. 71 ff.
Muche, Georg: Blickpunkt. Sturm, Dada, Bauhaus, Gegenwart. München 1961
Nostitz, Helene von: Aus dem alten Europa. Menschen und Städte. Hg. von Oswalt v. Nostitz. Frankfurt a. M. 1979
Redslob, Edwin: Garten der Erinnerung. Ein Weimar-Buch. Hamburg 1928
Redslob, Edwin: Von Weimar nach Europa. Berlin 1972
Riemer, Friedrich Wilhelm: Mitteilungen über Goethe. Hg. von Arthur Pollmer. Leipzig 1921
Rainer Maria Rilke – Katharina Kippenberg. Briefwechsel. Wiesbaden 1954
Rainer Maria Rilke – Helene von Nostitz. Briefwechsel. Wiesbaden 1976
Schiller, Friedrich von: Briefe. Hg. von Fritz Jonas. Bd. 1–7. Berlin 1892–1897
Schlaf, Johannes: Aus meinem Leben. Erinnerungen. Halle 1941

Schopenhauer, Johanna: Damals in Weimar. Erinnerungen und Briefe von und an Johanna Schopenhauer. Hg. von H. H. Houben. Leipzig 1924
Schorn, Adelheid von: Zwei Menschenalter. Erinnerungen und Briefe aus Weimar und Rom. Einl. von Friedrich Lienhard. 4. Aufl. Stuttgart 1923
Stahr, Adolf: Weimar und Jena. 3. Aufl. Bd. 1. Oldenburg, Leipzig 1892
Steiner, Rudolf: Mein Lebensgang. Hg. von Marie Steiner. Stuttgart 1948
Turgenjew, Iwan: Briefe an Ludwig Pietsch. Hg. von Christa Schultze. Berlin 1968
van de Velde, Henry: Geschichte meines Lebens. Hg. von Hans Curjel. 2. Aufl. München, Zürich 1986
Weimar im Urteil der Welt. Stimmen aus drei Jahrhunderten. Berlin, Weimar 1975 (darin u. a.: L. Fürnberg, N. Karamsin)
Wolfe, Thomas: Briefe. Hg. von Elizabeth Nowell. Hamburg 1961

Neue Lexika

Biedrzynski, Effi: Goethes Weimar. Das Lexikon der Personen und Schauplätze. Zürich 1992
Weimar. Lexikon zur Stadtgeschichte. Hg. von Gitta Günther, Wolfram Huschke und Walter Steiner. Weimar 1993

Bildnachweis

Klaus G. Beyer, Weimar (Vorderer Vorsatz, S. 7, 9, 10, 12, 13, 17, 22, 23, 28, 29, 36, 40 u., 41, 42, 46, 47, 49, 55, 63, 68, 70, 73, 75, 76, 77, 79, 80, 81, 82, 93, 94, 95, 99, 100, 101, 102, 103, 105, 107, 108, 109, 110, 116, 117, 121, 127, 136, 137, 138, 139, 147, 153, 154, 158 o., 159, 164 o., 165, 167, 171, 173, 174). – Aus: Bode, Wilhelm: Damals in Weimar. Weimar 1910 (S. 20, 31, 60, 113, 119). – Goethe-Museum (Anton und Katharina Kippenberg Stiftung) Düsseldorf (S. 25, 104, 168). – Aus: Grube, Walter: Weimar. Frankfurt a. M. 1971 (S. 87). – Fotoatelier Louis Held (Inh.: Eberhard Renno), Weimar (Hinterer Vorsatz, S. 3, 6, 21, 30, 32, 40 o., 45, 52, 53, 54, 71, 83, 85, 91, 106, 116, 122, 125, 126, 129, 130, 131, 133, 134, 135, 139, 140, 142, 143, 144, 150, 151, 152, 156, 157, 161,

166). – Kunstsammlungen der Stadt Weimar (S. 92, 158 u.). – Nationale Forschungs- und Gedenkstätten der klassischen deutschen Literatur zu Weimar, jetzt Stiftung Weimarer Klassik (S. 9, 14, 24, 29, 33, 41, 44, 46, 57, 61, 76, 97, 98, 100, 111, 124, 127 o., 128 o., 146, 159, 163, 164 u.). – Aus: Neubert, Franz: Goethe und sein Kreis. 2. Aufl. Leipzig 1922 (S. 64, 65, 66). – Bildarchiv der Österreichischen Nationalbibliothek Wien (S. 38). – Privatbesitz der Erben von Wassily Kandinsky (S. 141). – Privatbesitz Clementine Stockar-Escher, Zürich (S. 160) – Privatbesitz der Erben von Richard Strauss, Garmisch-Partenkirchen (S. 145). Aus: Scheidig, Walther: Die Geschichte der Weimarer Malerschule 1860–1900. Weimar 1971 (S. 69). – Stadtgeschichtliche Sammlungen Weimar (S. 67). – Aus: Steiner, Rudolf: Mein Lebensgang. Stuttgart 1948 (S. 123). – Zentralbibliothek Zürich (S. 128 u.).

Danksagung

Dieses Buch entstand im Zusammenhang mit der Herausgabe der Nachträge zu Goethes Briefen, die in der kritischen Ausgabe bisher fehlten. Durch diese Arbeit hatte ich die Möglichkeit, in den letzten Jahren immer wieder in den Archiven und der Bibliothek in Weimar zu arbeiten. Zur Entspannung haben meine Frau und ich viele Spaziergänge durch Goethes Weimar unternommen. So war es mir ein Vergnügen, dieses Buch zu schreiben, angespornt auch unter den Eindrücken der Revolution in der DDR.
Danken möchte ich denen, die mir geholfen haben: an erster Stelle den Nationalen Forschungs- und Gedenkstätten der klassischen deutschen Literatur in Weimar, die meiner Frau und mir in den letzten Jahren viele Aufenthalte in Weimar ermöglichten. Daß ich das Manuskript in kurzer Zeit fertigstellen konnte, danke ich zunächst der unermüdlichen Hilfe meiner Frau, Mechthild Raabe, und meiner Sekretärin, Erika Wollnick, die das Manuskript umsichtig und schnell ins Reine brachte.
Der Verlag und der Autor sind den beiden Weimarer Fotografen zu herzlichem Dank verpflichtet: Herrn Klaus G. Beyer und Herrn Eberhard Renno (Fotoatelier Louis Held). Sie stellten den größten Teil der Fotos zur Verfügung.

Mein persönlicher Dank gilt schließlich den engagierten Verlegerinnen und ihren Mitarbeiterinnen und Mitarbeitern für ihren ungewöhnlichen Einsatz. So konnte das Buch ohne Verzögerung für den Druck vorbereitet werden.
Wolfenbüttel, im April 1990   Paul Raabe

Biographische Notiz

Paul Raabe, geboren 1927 in Oldenburg (Oldb.). 1948 Diplombibliothekar, 1951–57 Studium der Germanistik und Geschichte in Hamburg, 1957 Promotion über Hölderlins Briefe. 1958–68 Leiter der Bibliothek des Deutschen Literaturarchivs in Marbach a. N. Erforschung des literarischen Expressionismus. 1967 Habilitation in Göttingen. 1968–1992 Direktor der Herzog August Bibliothek Wolfenbüttel. Seit 1992 Direktor der Franckeschen Stiftungen zu Halle/Saale. Ehrendoktor der Universitäten Braunschweig und Krakow. Seit 1986 Herausgeber der »Arche-Editionen des Expressionismus«. Zahlreiche Veröffentlichungen zur Literatur- und Buchgeschichte. Goetheforschung und Beziehungen zu Weimar seit den fünfziger Jahren. Herausgeber der drei Nachtragsbände zu Goethes Briefen. Weimarer Ausgabe. München: dtv 1990.

Nachbemerkung

Als dieses Buch 1989/90 geschrieben wurde, herrschte Aufbruchsstimmung in der DDR. Heute gehört Weimar zu den Kulturstätten im wiedervereinigten Deutschland, in denen sich postive Wandlungen vollziehen. Die Wirtschaft geht neue Wege, die Stadtsanierung zeigt erfreuliche Ergebnisse, Hoffnung überwiegt gegenüber der Resignation. In Weimar wurden die NFG in die Stiftung Weimarer Klassik umgewandelt, das Kunstfest hat sich als überregionales Kulturereignis durchgesetzt. Um die reiche Überlieferung in Weimar in ihrer ganzen Breite und Vielfalt kennenzulernen, bedarf es aufklärender Arbeit. So entstand dieses Buch, das von den Lesern und Kritikern so überaus freundlich aufgenommen wurde.
Für die vorliegende vierte Auflage wurde in Weimar den inzwischen eingetretenen Veränderungen nachgegangen. Auf den wiederholten Spaziergän-

gen stellten meine Frau und ich allerdings fest, daß der Band in seiner Substanz unverändert bleiben konnte. Einzelne Angabe wurden aktualisiert: Den Wandlungen der Stadt wurde Rechnung getragen. Weimar ist auf dem Wege, 1999 eine europäische Kulturstadt zu werden. Dieses Buch kann dazu beitragen, die Fremden und die Einheimischen mit Goethes Weimar und seinem Erbe vertraut zu machen.

Wolfenbüttel, im Juli 1993   P. R.

Personenregister

Halbfette Ziffern im Personenregister verweisen auf Häuser und Wohnungen, in denen die betreffenden Personen gelebt haben.

Orts- und Sachregister

Literarisch reisen...

Noël Riley Fitch
Die literarischen Cafés von Paris
Aus dem Amerikanischen von Katharina Förs
und Gerlinde Schermer-Rauwolf
91 Seiten. 45 Abb.
5 Karten. Broschur.

Mary Ellen Jordan Haight
Spaziergänge durch Gertrude Steins Paris
Aus dem Amerikanischen von Karin Polz
163 Seiten. 115 Abb.
5 Karten. Broschur.

Cornelius Schnauber
Spaziergänge durch das Hollywood der Emigranten
168 Seiten. 120 Abb.
5 Karten. Broschur.

Heinke Wunderlich
Spaziergänge an der Côte d'Azur der Literaten
192 Seiten. 108 Abb.
9 Karten. Broschur.

»Lieben Sie Spaziergänge? Dann folgen Sie den Spuren von Modigliani oder Matisse, von Picasso, Pound oder der Colette...« Bayerischer Rundfunk

ARCHE-EDITIONEN DES EXPRESSIONISMUS
Herausgegeben von Paul Raabe

Georg Heym, Der Städte Schultern knacken
Bilder Texte Dokumente. 173 S. 188 Abb. Br.

Jakob van Hoddis, Dichtungen und Briefe
Hg. von Regina Nörtemann
600 S. 5 farb., 28 s/w Abb. Ln. Leseband.

Expressionismus. Der Kampf um eine literarische Bewegung
Hg. von Paul Raabe. 320 S. Br.

Henriette Hardenberg, Dichtungen
Hg. von Hartmut Vollmer. 196 S. 17 Abb. Ln. Leseband.

»In roten Schuhen tanzt die Sonne sich zu Tod«
Lyrik expressionistischer Dichterinnen
Hg. von Hartmut Vollmer. 256 S. (Abb. Ln. Leseband.

Klabund in Davos. Texte Bilder Dokumente
Zusammengestellt von Paul Raabe. 232 S. 85 Abb. Br.

Alfred Lichtenstein, Dichtungen
Hg. von Klaus Kanzog und Hartmut Vollmer
397 S. 28 Abb. Ln. Leseband.

Mynona, Rosa, die schöne Schutzmannsfrau und andere Grotesken
Hg. von Ellen Otten. 213 S. 2 Abb. Br.

Karl Otten, Die Reise durch Albanien und andere Prosa
Hg. von Ellen Otten und Hermann Ruch. 195 S. 5 Abb. Br.

August Stramm, Alles ist Gedicht
Briefe Gedichte Bilder Dokumente
Hg. von Jeremy Adler. 190 S. 32 Abb. Br.

Zwischen Trauer und Ekstase
Expressionistische Liebesgeschichten
Hg. von Thomas Rietzschel. 224 S. Br.

Paul Raabe
Bibliosibirsk oder
Mitten in Deutschland
Jahre in Wolfenbüttel
398 Seiten. 19 Abb. 1 Karte.
Gebunden mit Farbschnitt.

Bibliosibirsk: Das ist die ungewöhnliche Bibliothek an einem ungewöhnlichen Ort. 40 Jahre im Abseits des Zonengrenzgebiets, liegt sie seit der Einheit »mitten in Deutschland«: die Herzog August Bibliothek zu Wolfenbüttel. Benannt nach dem größten Büchersammler des 17. Jahrhunderts, wirkten hier einst Leibniz und Lessing als Bibliothekare. Paul Raabe, 1968–1992 Direktor der Bibliothek, schildert in seinem Buch die Entstehung dieser heute weltweit anerkannten Forschungsstätte. Zugleich ein Plädoyer für die Unverzichtbarkeit kultureller Förderung im künftigen Europa.